제임스 정의

크로매틱 하모니카야 놀자

편저 James Jeong

크로매틱 하모니카의 정석

일신서적출판사

크로매틱 하모니카 예찬

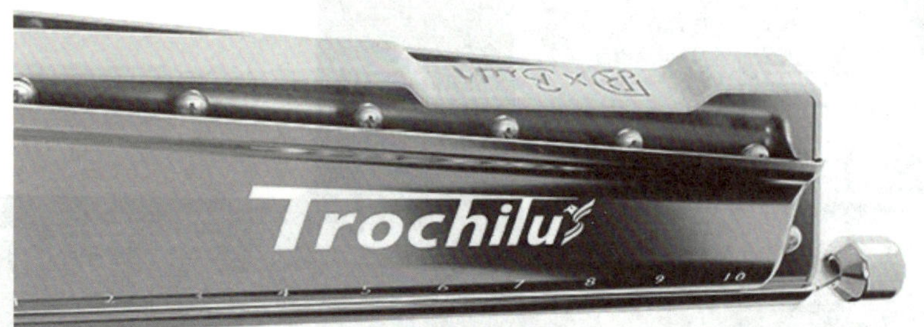

생활 속의 크로매틱 하모니카

크로매틱 하모니카는 남녀노소 누구나 쉽게 배울 수 있고, 휴대하기가
편리하여 어디서나 즐길 수 있는 생활 악기입니다.

매력적인 크로매틱 하모니카

 크로매틱 하모니카는 클래식, 재즈, 대중음악, 종교음악, 학교음악 등
다양한 음악을 다양한 스타일로 연주할 수 있는, 정말 재미있고 매력적
인 악기입니다.

감성적인 크로매틱 하모니카

크로매틱 하모니카는 음색이 맑고 아름다우며 특유의 호소력을 가지고
있어서 가슴속 깊은 곳에서부터 인간의 감성을 자극합니다.

누구나 쉽게 배워 즐기는 유니카&블루스 크로매틱 하모니카

트레몰로 하모니카와 같은 음의 배열이면서 크로매틱 하모니카의 음색
을 갖고 있는 유니카 크로매틱 하모니카와 다이아토닉 하모니카의 음
색에 크로매틱 하모니카의 편의성을 더한 블루스 크로매틱 하모니카도
누구나 쉽게 배워서 즐길 수 있습니다.

제임스 정

제임스정의

크로매틱 하모니카야 놀자 키 포인트

1 초, 중, 고등학교의 방과 후 교육, 특기 적성 교육과 대학교, 대학원의 하모니카 전공교육, 평생교육원, 문화센터, 복지시설, 동호회 등의 크로매틱 하모니카 교육에 꼭 필요한 '크로매틱 하모니카의 교과서', '크로매틱 하모니카의 정석'입니다.

2 클래식, 영화음악, 팝송, 재즈, 대중가요, 민요 등 여러 장르의 응용곡을 선정하여 많은 사람들이 누구나 쉽게 즐길 수 있습니다.

3 다함께 즐길 수 있는 하모니카 앙상블 악보들이 각 차트마다 수록되어 한국의 하모니카 앙상블 음악문화를 이끕니다.

4 반주 음원이 QR코드로 첨부되어 강의할 때나 유치원의 재롱잔치, 학원의 음악발표회, 학교의 학예회, 각종 연주회의 하모니카 반주음악으로 더욱 효과적입니다.

5 크로매틱 하모니카의 악보 익히기에서부터 기본적인 퍼커, 텅블럭 주법으로 중음, 저음, 고음, 변화음, 콘서트 모음곡, 앙상블을 즐기면서 비브라토, 벤딩 주법 등 수준 높은 테크닉을 익혀서 훌륭한 크로매틱 하모니카 연주자의 꿈을 이룰 수 있습니다.

6 트레몰로 하모니카와 같은 음의 배열이면서 크로매틱 하모니카의 음색을 갖고 있는 유니카 크로매틱 하모니카와 다이아토닉 하모니카의 음색에 난이도가 높은 벤딩 주법을 쉽게 연주할 수 있는 블루스 크로매틱 하모니카(벌새 하모니카)의 주법을 추가하여 누구나 쉽게 배우고 즐길 수 있습니다.

Chromatic Harmonica

Play 17 ……… 음계와 아르페지오

다장조, 바장조, 사장조, 내림나장조, 라장조, 내림마장조, 가장조

크로매틱 하모니카 콘서트 모음곡

크로매틱 하모니카

Chromatic Harmonica

Play 1 ··· 크로매틱 하모니카에 대하여

하모니카(Harmonica)

하모니카는 악기의 구멍 위에 입술을 대고 입김을 불어넣거나 들이마셔서 리드(떨림판)를 진동시켜 음을 내는 관악기입니다. 하모니카는 음색이 아름답고 매력적이고 휴대하기에 편하며, 누구나 쉽게 배울 수 있는 생활 악기입니다.

크로매틱 하모니카의 구조

크로매틱 하모니카는 떨림판인 리드(Reed)와 악기를 보호하고 지지하는 몸체인 커버 플레이트(Cover Plate)와 리드가 붙어 있는 리드 플레이트(Reed Plate), 레버(슬라이드 버튼) 등으로 구성되어 있습니다.

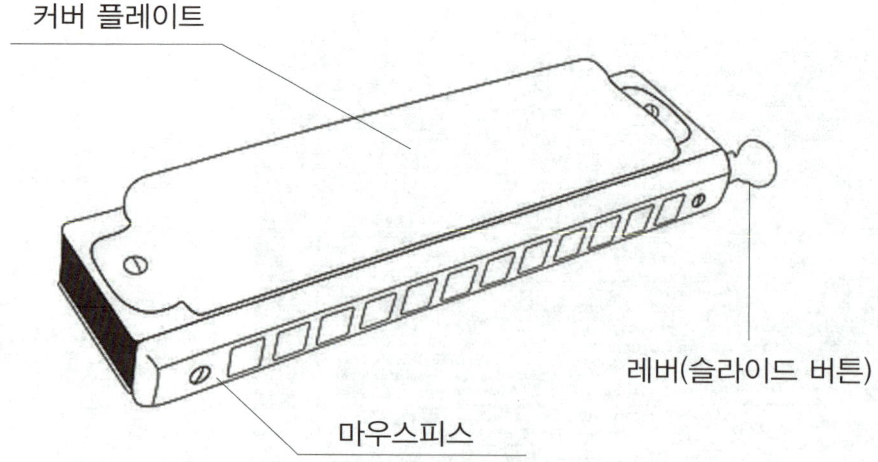

하모니카의 종류

하모니카는 구멍(Hall)의 수, 조(Key), 연주 스타일에 따라 여러 가지가 있습니다. 구멍의 수에 따라 4구멍의 미니(Mini)하모니카에서부터 192구멍의 코드(Chord)하모니카 등이 있는데, 보편적으로 가장 많이 사용되는 하모니카는 트레몰로(Tremolo)하모니카(21, 22, 24구멍), 크로매틱(Chromatic)하모니카(12, 14, 16구멍), 다이아토닉(Diatonic)하모니카(10구멍)입니다. 조(Key)에 따라 장,단음계 모두 24종의 하모니카가 있고, 연주 스타일에 따라 앙상블의 화음을 연주하는 코드(Chord)하모니카, 호른과 같은 소리를 내는 파이프(Pipe)하모니카, 중저음을 내는 바리톤(Bariton)하모니카, 앙상블의 꾸밈음을 표현할 때 사용하는 글리산도(Glissando)하모니카, 콘트라베이스 역할을 하는 베이스(Bass)하모니카 등이 있습니다.

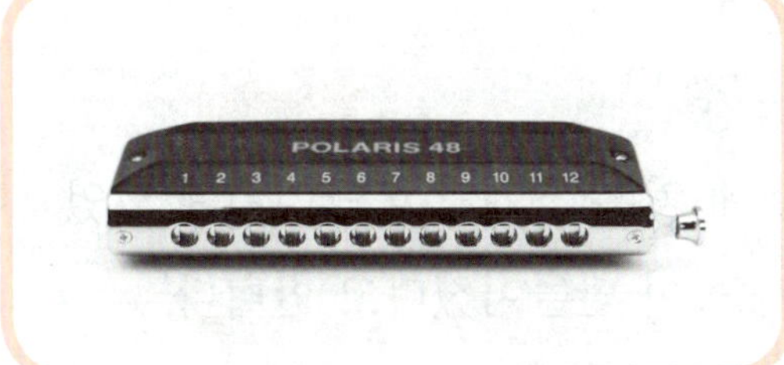

크로매틱 하모니카

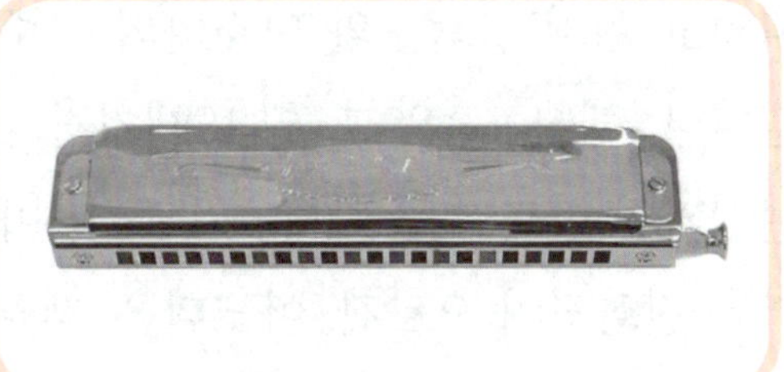

유니카 크로매틱 하모니카

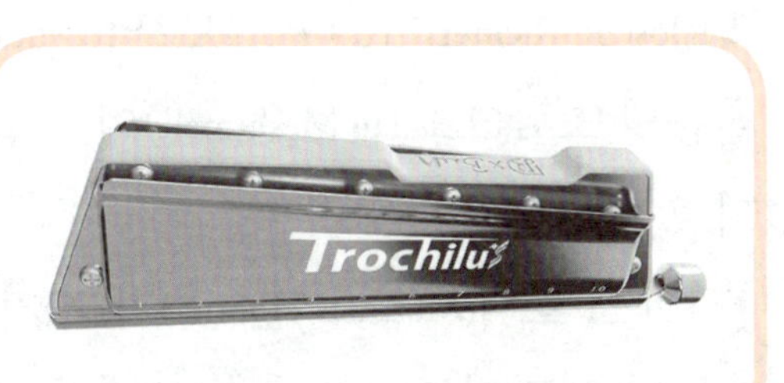

블루스 크로매틱 하모니카

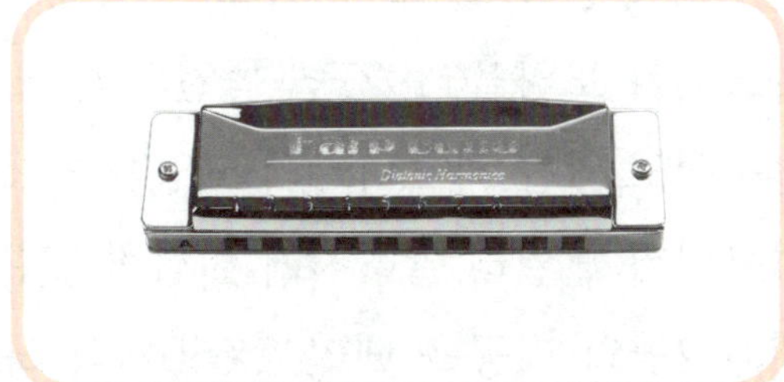

다이아토닉 하모니카

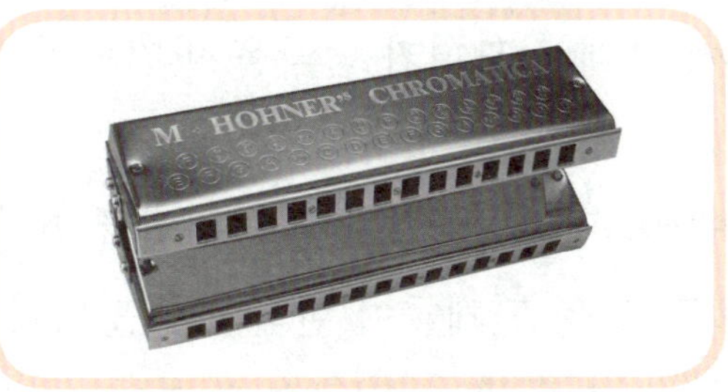

베이스 하모니카

코드 하모니카

하모니카는 기원전 3000년에 중국의 쉥(Sheng)이라고 부르는 관악기에서 그 유래를 찾을 수 있습니다. 이 악기는 가느다란 대나무 관들이 통에 둥글게 박혀 있고, 통 가운데 입김을 불어 넣는 부리 모양의 취구가 달려 있어서 숨을 들이쉬고 내쉴 때마다 쇠붙이로 된 리드(Reed)가 떨려 소리가 납니다. 또 쉥은 우리나라 고려 시대(예종 9년)에 중국 북송으로부터 '생황'이라는 이름으로 들어왔는데 고구려와 백제 음악 연주와 고려와 조선시대 문인들의 풍류 악기로도 사용되었고 현재도 독주와 단소와의 병주로 연주되고 있습니다. 쉥(Sheng)은 그 후 18세기경 이탈리아의 동양

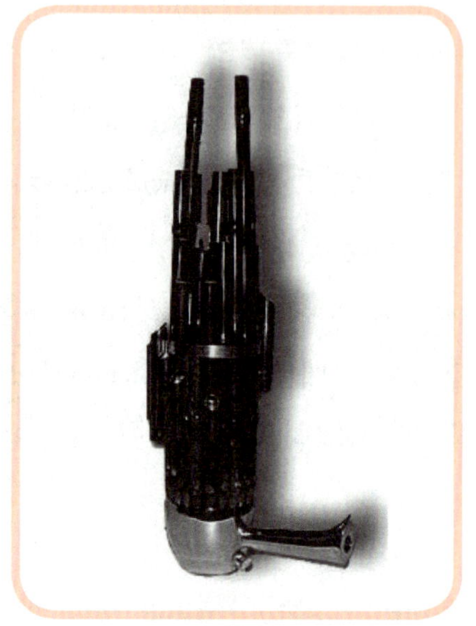

쉥(Sheng)

여행가인 마르코 폴로(Marco Polo)가 이 악기를 유럽에 처음 소개하여 알려지게 되었으며, 더욱 진화되어 오르간, 아코디온, 색소폰, 하모니카 등이 만들어졌다고 합니다.

1821년 독일의 시계 제작자인 크리스챤 프리드리호 부슈만(Christian Friedrich Buschmann)이 15개의 피치 파이프를 묶어서 문데모니카(Mundharmonika)라는 하모니카 형태와 비슷한 악기를 만들었고, 그 후 1826년 독일의 조셉 리히터(Joseph Richter)가 다이아토닉(Diatonic) 하모니카 모양을, 1927년 독일의 한스 크리스챤 메슈넬(Hans Christian Meshunell)이 오늘날 연주되고 있는 하모니카의 모양을 최초로 만들었다고 합니다.

하모니카가 널리 알려지기 시작한 것은 1857년 마티아스 호너(Matthias Hohner)가 자기 아내와 2명의 직공을 데리고 650개의 하모니카를 만들어 팔면서부터입니다. 세계 최대의 하모니카 제작사가 된 호너(Hohner)는 독주뿐만 아니라 앙상블과 오케스트라에 사용되는 150여 종의 하모니카를 개발하였고 '호너 세계 하모니카 페스티벌'을 정기적으로 개최하여 '아시아 태평양 하모니카 페스티벌'과 함께 세계 하모니카 음악을 발전시키는데 이바지하고 있습니다.

우리나라는 1940년 일본의 야마하 하모니카 합주단이 평양 YMCA에서 연주회를 가지면서 처음 소개되었고, 현재는 여러 하모니카 연주 및 교육 단체들이 한국의 하모니카 음악의 대중화와 세계화에 큰 역할을 하고 있습니다.

크로매틱 하모니카의 음역과 배열

크로매틱 하모니카는 구멍 수에 따라 12홀, 14홀, 16홀 하모니카 등으로 분류되는데 주로 3옥타브를 연주할 수 있는 12홀 하모니카를 가장 많이 사용합니다. 변화음은 하모니카 오른쪽에 있는 레버(슬라이드 버튼)를 사용합니다.

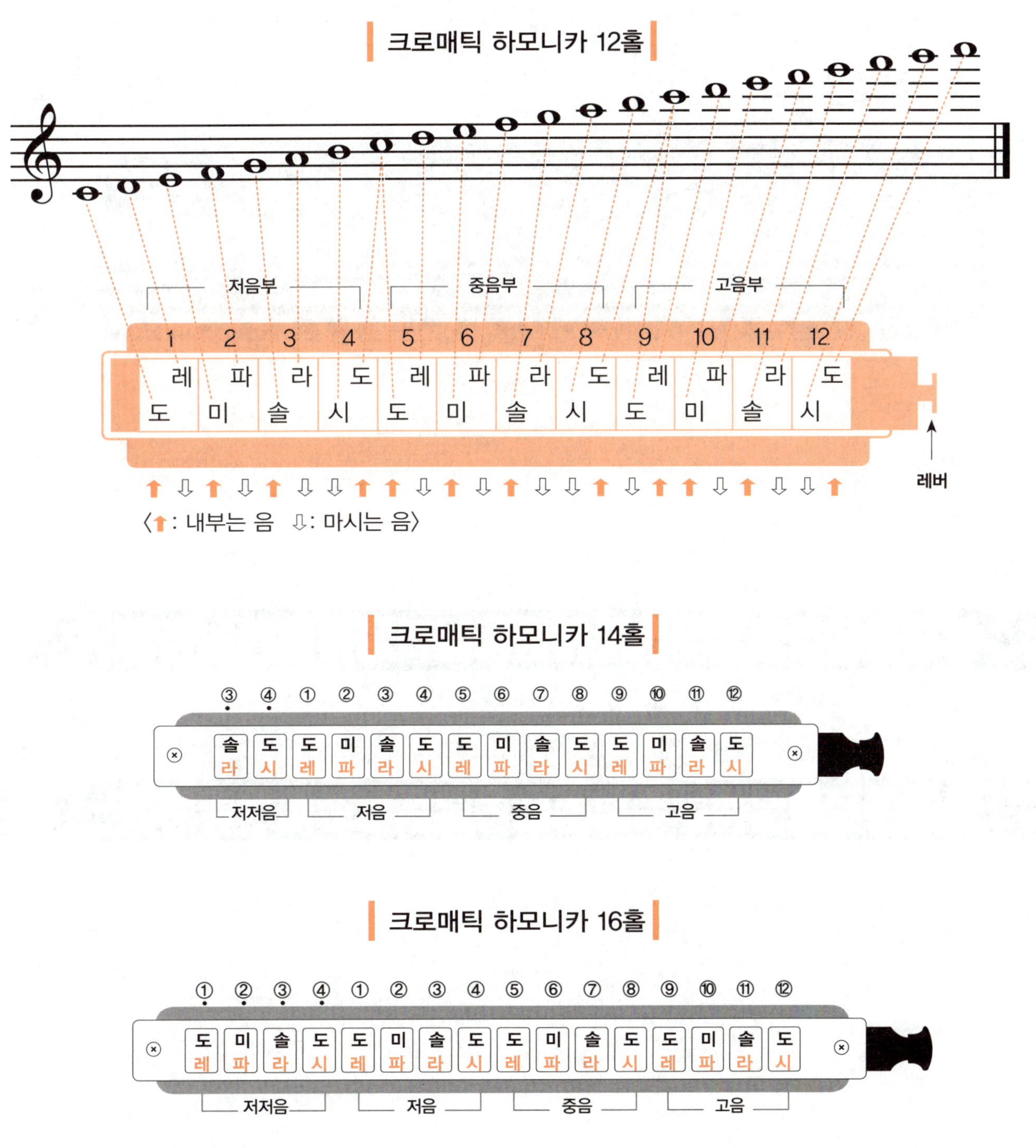

유니카 크로매틱 하모니카 음역과 배열

유니카 크로매틱 하모니카는 트레몰로 하모니카와 같은 음의 배열을 갖고 있고 크로매틱
하모니카처럼 레버(슬라이드 버튼)가 있는 하모니카입니다.

Key of C

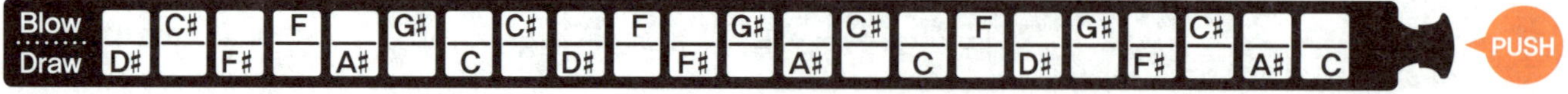

블루스 크로매틱 하모니카의 음역과 배열

블루스 크로매틱 하모니카는 크로매틱 하모니카와 구조가 같으나 음색이 다이아토닉
하모니카와 비슷하여 블루스나 재즈 음악을 즐길 수 있습니다.

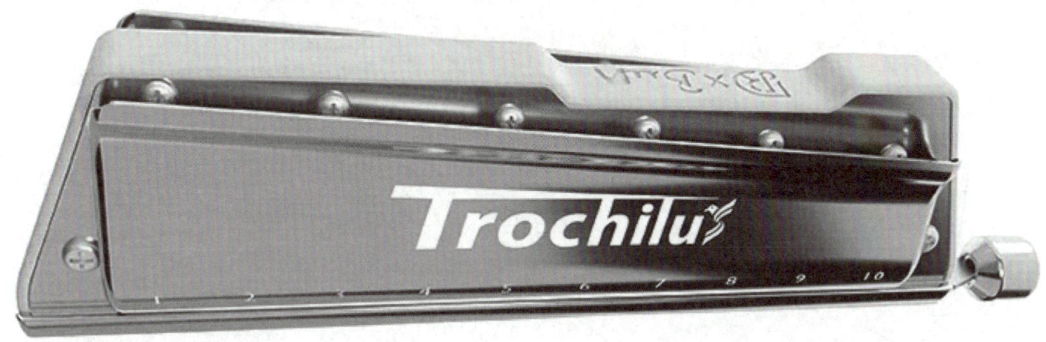

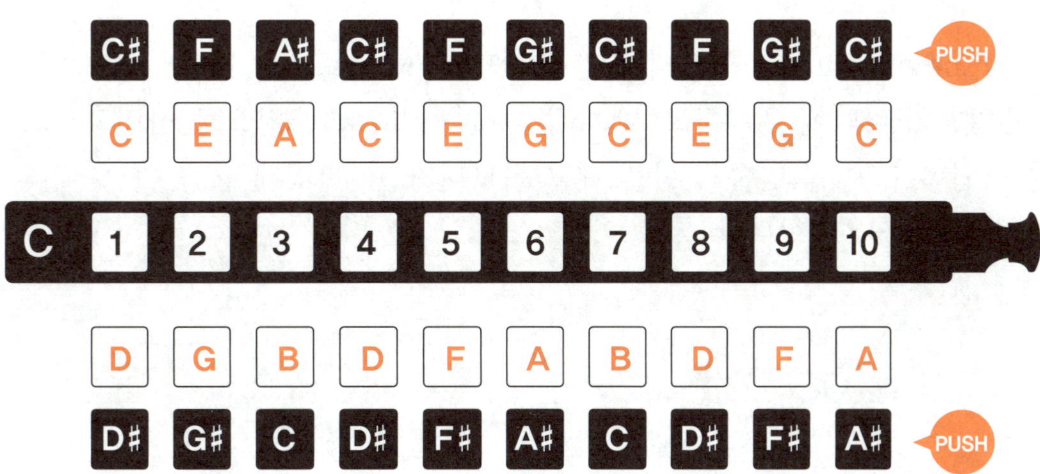

※위의 블루스 크로매틱 하모니카 음의 배열은 3번 홀을 연주하기 쉽게 특별히 조율한 것입니다.

크로매틱 하모니카 바르게 잡기

① 왼손으로 하모니카 몸체를 감쌉니다.
② 오른손으로 하모니카의 아랫부분을 받칩니다.
③ 오른손 검지로 레버를 살짝 닿습니다.

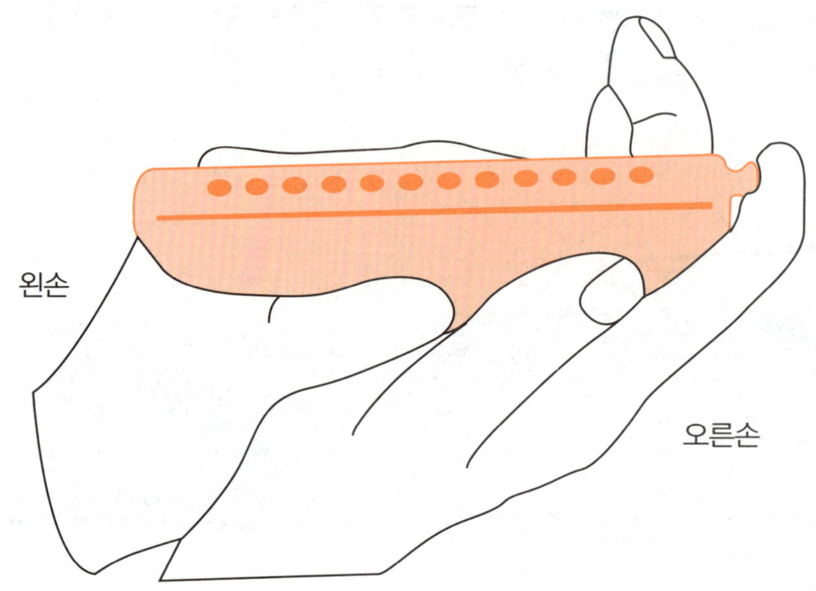

크로매틱 하모니카의 앙부쉬르

앙부쉬르(Embouchure)는 입술의 모양을 말합니다. 크로매틱 하모니카의 입술 모양은 혀가 입안의 바닥에 위치하고, 휘파람을 불 듯이 '오' 모양으로 하면서 숨을 들이쉬거나 내쉽니다. 이때 입술의 힘을 빼고 하모니카를 가볍게 물고 하모니카와 머리는 가능한 직각을 유지합니다.

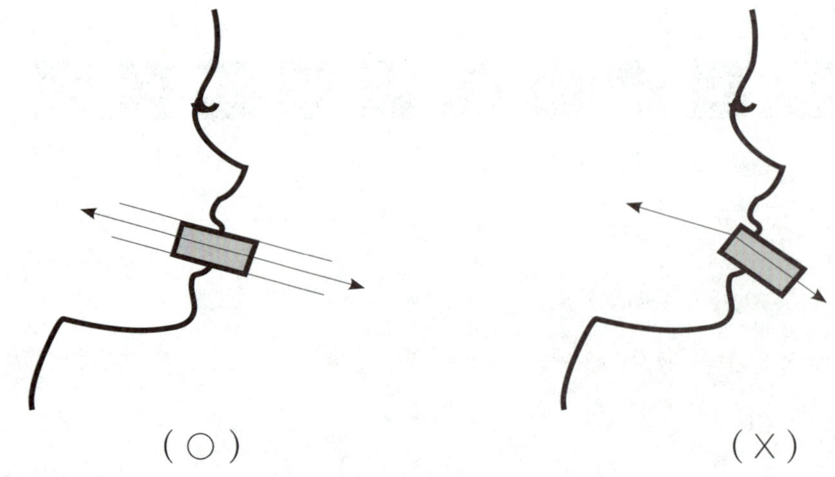

크로매틱 하모니카의 예열

크로매틱 하모니카는 두 겹의 얇은 종이가 붙어있는데 이것을 윈드 세이버 또는 밸브라고 합니다. 예열을 하지 않으면 얇은 종이가 붙어서 소리가 잘 나지 않습니다. 연주를 시작하기 전에 양손으로 악기를 감싸안아서 30도 정도의 온도로 따뜻하게 해주어야 합니다. 핫팩이나 크로매틱 하모니카의 예열 전용 기구를 사용해도 됩니다. 소리가 막혔다가 갑자기 뚫리는 경우가 있는데 예열이 부족한 이유이기도 합니다.

크로매틱 하모니카의 관리

(1) 하모니카 연주를 하기 앞서

손을 잘 닦고 입안을 물로 깨끗이 헹굽니다. 예열기를 사용하거나 두 손으로 하모니카를 감싸안아 따뜻하게 해줍니다.

(2) 하모니카 연주를 하는 중

침이 고이거나 이물질이 붙으면 소리가 떨리거나 잘 나지 않습니다.
수시로 하모니카를 가볍게 상하로 흔들어서 침을 제거합니다.

(3) 하모니카 연주를 하고 나서

트레몰로 하모니카처럼 손바닥이나 무릎에 대고 하모니카를 탁탁 치지 말고 공중에서 상하로 흔들어서 윈드 세이버가 달라붙지 않도록 합니다.
케이스에 넣어 바람이 잘 통하고 그늘진 곳에서 자연스럽게 말립니다.

(4) 하모니카 수리

너무 세게 불거나 마시면 리드가 손상되어 음정이 변하는데 리드를 줄로 갈아서 음의 높낮이를 조절합니다. 높일 때는 리드의 바깥쪽을, 낮출 때는 안쪽을 갈아 줍니다.
그러나 손상 정도가 심하면 전문가나 악기회사에 수리를 의뢰하는 것이 좋습니다.

Play 2 ··· 크로매틱 하모니카 악보의 이해

오선보와 높은음자리표

다섯 개의 줄(오선)에 음의 높고 낮음을 표시합니다.

높은음자리표는 솔(G)의 자리를 정해줍니다.

세로줄과 마디

오선에 세로로 그은 줄을 세로줄이라고 합니다. 또 세로줄을 2개 그린 것을 겹세로줄, 곡이
끝날 때의 세로줄을 끝세로줄이라고 합니다. 마디는 세로줄과 세로줄 사이를 말합니다.

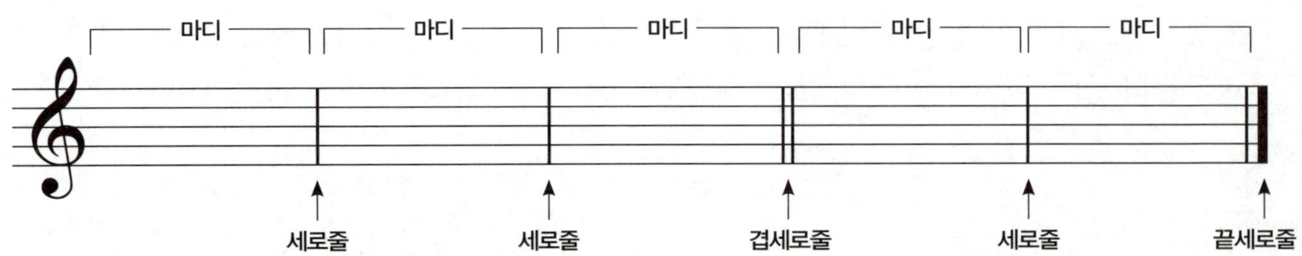

트레몰로 하모니카는 계이름을 숫자로, 음표를 기호로 오선보 아래에 표시합니다. 프랑스의 쉐베에 의해 처음 만들어진 숫자보는 오선보에 익숙하진 않은 사람도 쉽게 연주할 수 있고, 조(Key)에 관계없이 숫자와 기호만으로도 연주할 수 있습니다. 크로매틱 하모니카는 음표 위에 숫자를 적습니다. 이 책에서는 트레몰로 하모니카와 크로매틱 하모니카의 숫자보를 병행하였습니다.
(도는 1, 도#은 #1, 레는 2, 레#은 #2, 미는 3, 미#은 #3....)

저음 숫자보

1(도) 2(레) 3(미) 4(파) 5(솔) 6(라) 7(시)로 표시합니다.

중음 숫자보

1옥타브 위의 음은 숫자 위에 점 하나(.)로 표시합니다.

고음 숫자보

2옥타브 위의 음은 숫자 위에 점 둘(:)로 표시합니다.

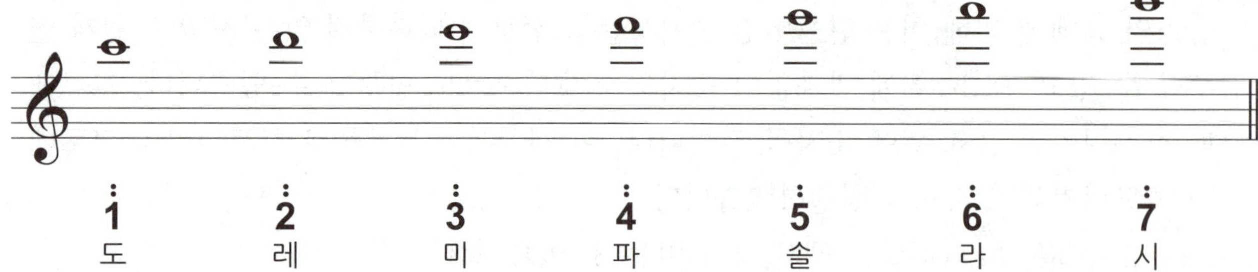

저저음 숫자보

1옥타브 아래의 음은 숫자 밑에 점 하나(.)로 표시합니다.

음표

음표의 길이만큼 연주합니다.

이름	음표	발박자	박 수
온음표		WWW	4박
2분음표		WW	2박
4분음표		V	1박
8분음표		\	$\frac{1}{2}$박
16분음표		\	$\frac{1}{4}$박

쉼표

쉼표의 길이만큼 쉽니다.

이름	쉼표	발박자	박 수
온쉼표		ＶＶＶＶ	4박
2분쉼표		ＶＶ	2박
4분쉼표		Ｖ	1박
8분쉼표		＼	$\frac{1}{2}$ 박
16분쉼표		＼	$\frac{1}{4}$ 박

점음표

음표의 오른쪽 아래에 점을 찍어 원음의 1/2에 해당하는 길이를 더합니다.

이름	음표	숫자보
점온음표	○· = ○ + ↓	$1 - - - . = 1 - - - + 1 -$
점2분음표	↓· = ↓ + ↓	$1 - . = 1 - + 1$
점4분음표	♩· = ♩ + ♪	$1 · = 1 + \underline{1}$
점8분음표	♪· = ♪ + ♬	$\underline{1} · = \underline{1} + \underline{\underline{1}}$
점16분음표	♬· = ♪ + ♬	$\underline{\underline{1}} · = \underline{\underline{1}} + \underline{\underline{1}}$

점쉼표

쉼표의 오른쪽 아래에 점을 찍어 원음의 1/2에 해당하는 길이를 더합니다.

이름	음표	숫자보
점온쉼표	▬ᐧ = ▬ + ▬	0 − − − ᐧ = 0 − − − + 0 −
점2분쉼표	▬ᐧ = ▬ + 𝄾	0 − ᐧ = 0 − + 0
점4분쉼표	𝄾ᐧ = 𝄾 + 𝄿	0ᐧ = 0 + 0
점8분쉼표	𝄿ᐧ = 𝄿 + 𝄾	0ᐧ = 0 + 0
점16분쉼표	𝄿ᐧ = 𝄿 + 𝄿	0ᐧ = 0 + 0

잇단음표

음표를 리듬의 변화를 주기 위하여 3개, 4개, 5개, 6개 등 여러 개로 나누어 연주를 합니다.

이름	음표	잇단음표	숫자보
2분음표	𝅗𝅥	3연음	1 1 1
4분음표	𝅘𝅥	3연음, 5연음	1 1 1, 1 1 1 1 1
점2분음표	𝅘𝅥ᐧ	4연음	1 1 1 1
점4분음표	𝅘𝅥ᐧ	4연음	1 1 1 1
8분음표	𝅘𝅥𝅮	3연음, 5연음, 7연음	1 1 1, 1 1 1 1 1, 1 1 1 1 1 1 1

셈여림표

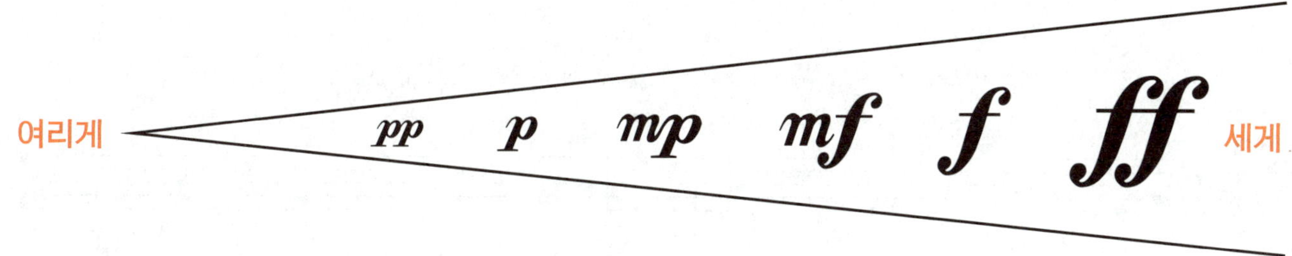

반복기호

(1) 도돌이표

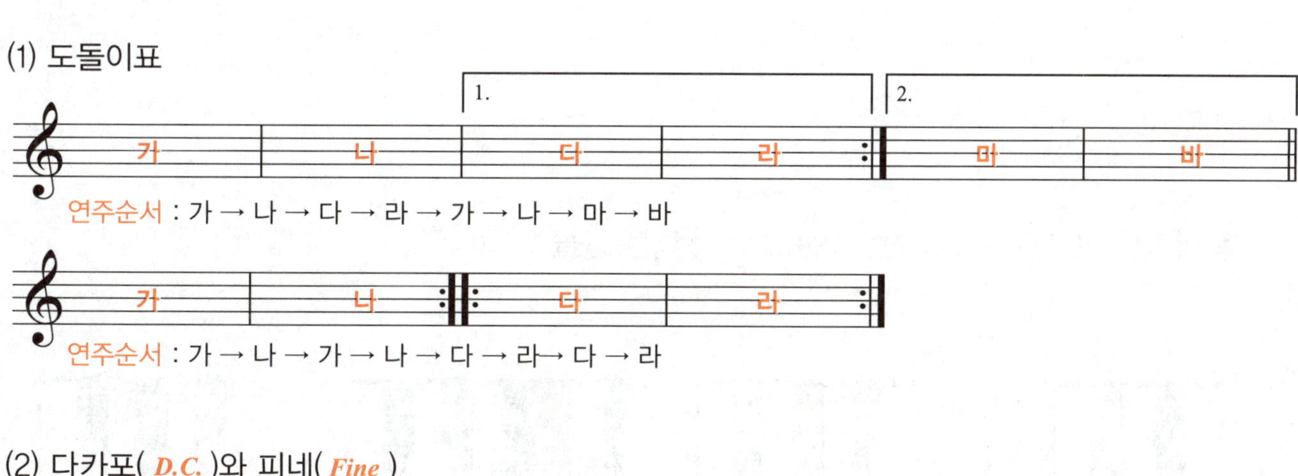

(2) 다카포(*D.C.*)와 피네(*Fine*)

(3) 달세뇨(*D.S.*)와 세뇨(𝄋)

변화표

- 변화표는 ♯, ♭, ♮의 기호를 말하며 조표나 임시표로 사용합니다.

> ♯ 올림표(샤프) – 반음 올림
>
> ♭ 내림표(플랫) – 반음 내림
>
> ♮ 제자리표(내추럴) – 다시 원음으로 돌아감

딴이름 한소리

- 음의 이름은 서로 다르지만, 같은 소리가 나는 음을 말합니다.

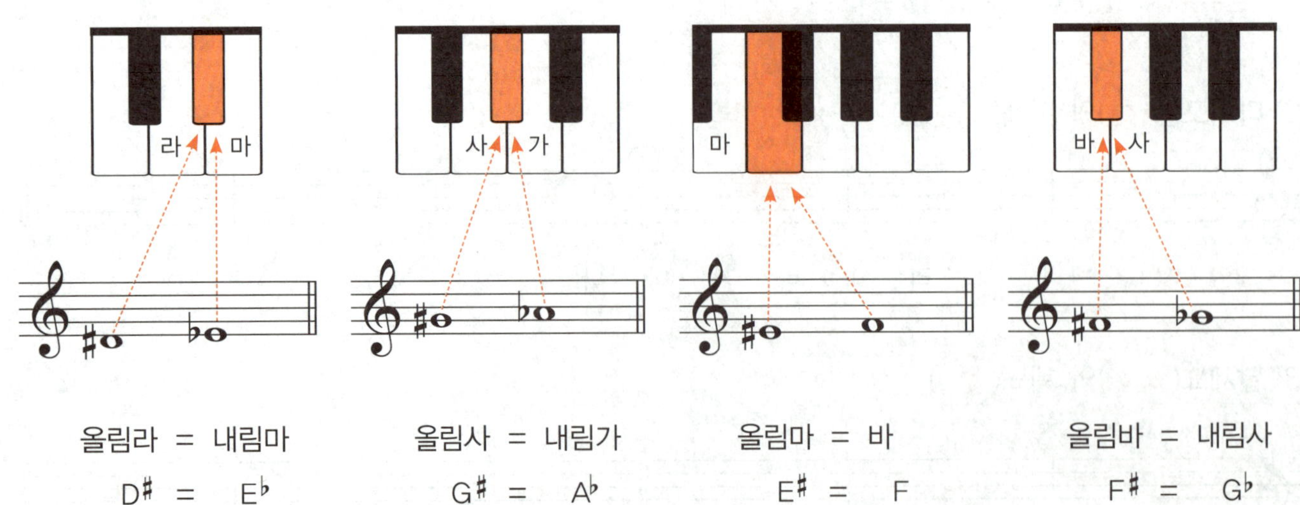

홀 기보법

하모니카의 기보법은 지도자에 따라 다르지만 이 책에서는 음표 위의 숫자와 기호는
홀의 위치, '+'는 부는음를 말하고, 슬라이드(레버)는 ♯으로, 음표 아래의 숫자와 기호
는 계이름과 리듬의 길이를 의미합니다.

기보법	연주법
2+	2번 홀을 분다
3	3번 홀을 마신다
5+	5번 홀을 분다
♯3+	슬라이드를 누루고 3번 홀을 분다
4	4번 홀을 마신다

부는 음과 마시는 음의 기호

부는 음

마시는 음

Play 3 ··· 싱글(Single) 주법

퍼커(Pucker)

싱글 주법은 퍼커(Pucker)와 텅블럭(Tongue Block)이 있는데 퍼커는 휘파람을 불듯이 '우' 모양으로 내쉬거나 '오' 모양으로 숨을 들이쉬어 한음만을 아름답게 소리를 내는 하모니카의 기본적인 주법인데, 비브라토 주법이나 밴딩 주법에 많이 사용됩니다.

텅블럭(Tongue Block)

텅블럭은 혀로 낮은음 부분(왼쪽)을 막고 맨 오른쪽의 한음만 나게 하는 싱글(Single) 주법의 하나로 퍼커주법보다 풍부하고 깨끗한 소리가 납니다. 화음 주법이나 베이스(Bass) 주법에 꼭 필요한 테크닉입니다.

Play 4 ··· 저음(도, 레, 미, 파)

도, 레 (1번홀)

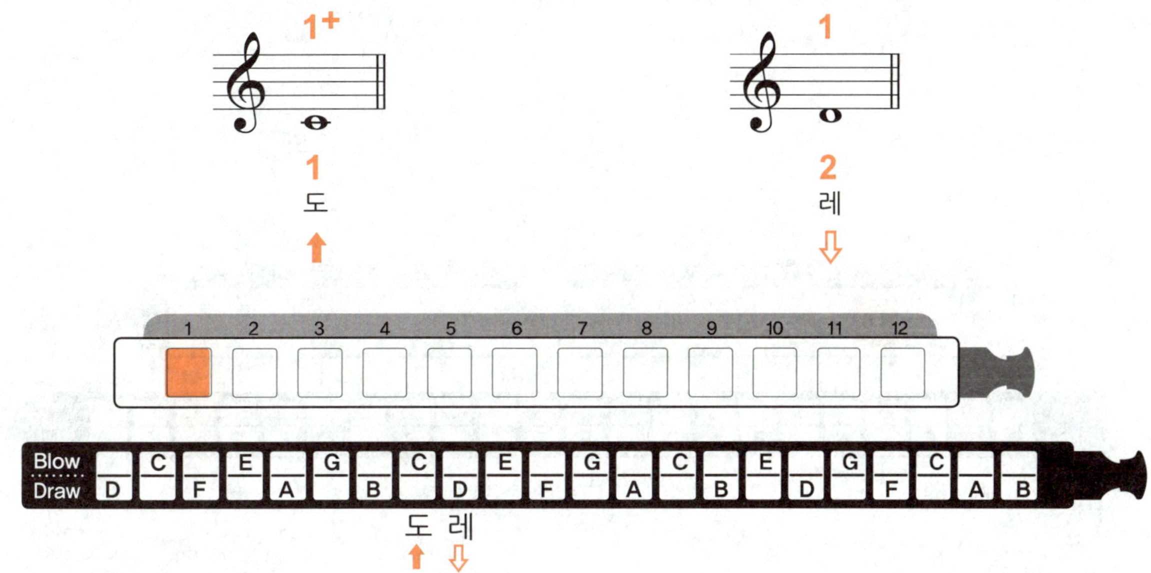

주의 깊게 듣고 따라하기

- 온음표, 온쉼표

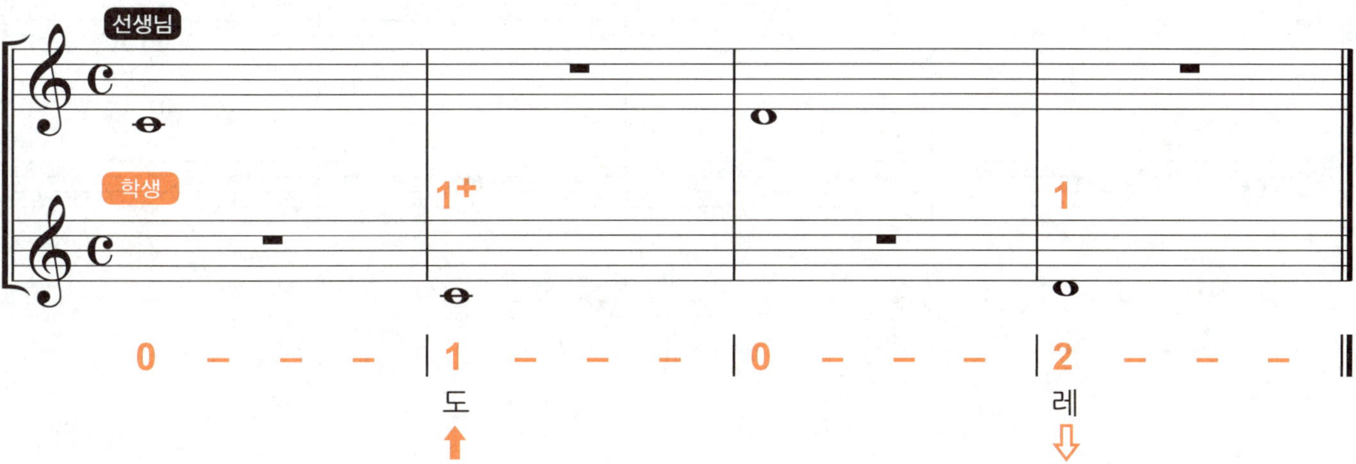

길게 소리내기

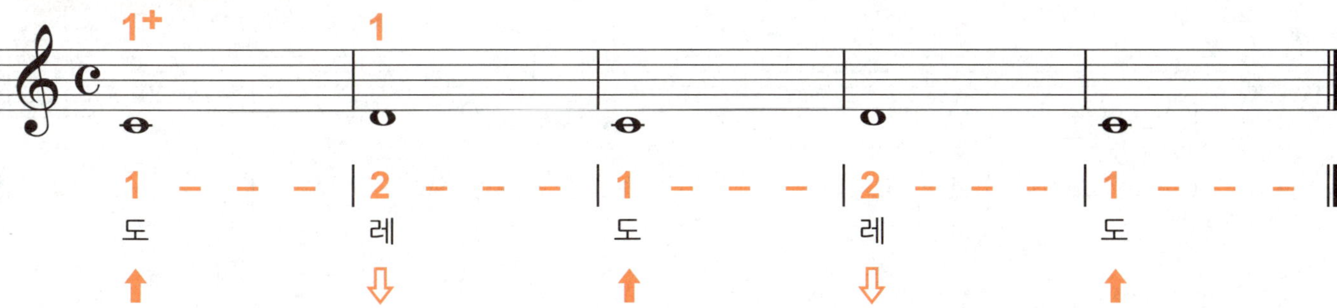

미, 파 (2번홀)

2+
3
미
2
4
파
1 2 3 4 5 6 7 8 9 10 11 12
Blow
Draw
C E G C E G C E G C
D F A B D F A B D F A B
미 파

주의 깊게 듣고 따라하기

선생님
학생
2+
2
0 — — — 3 — — — 0 — — — 4 — — —
미
파

길게 소리내기

2+ 2
3 — — — 4 — — — 3 — — — 4 — — — 3 — — —
미 파 미 파 미

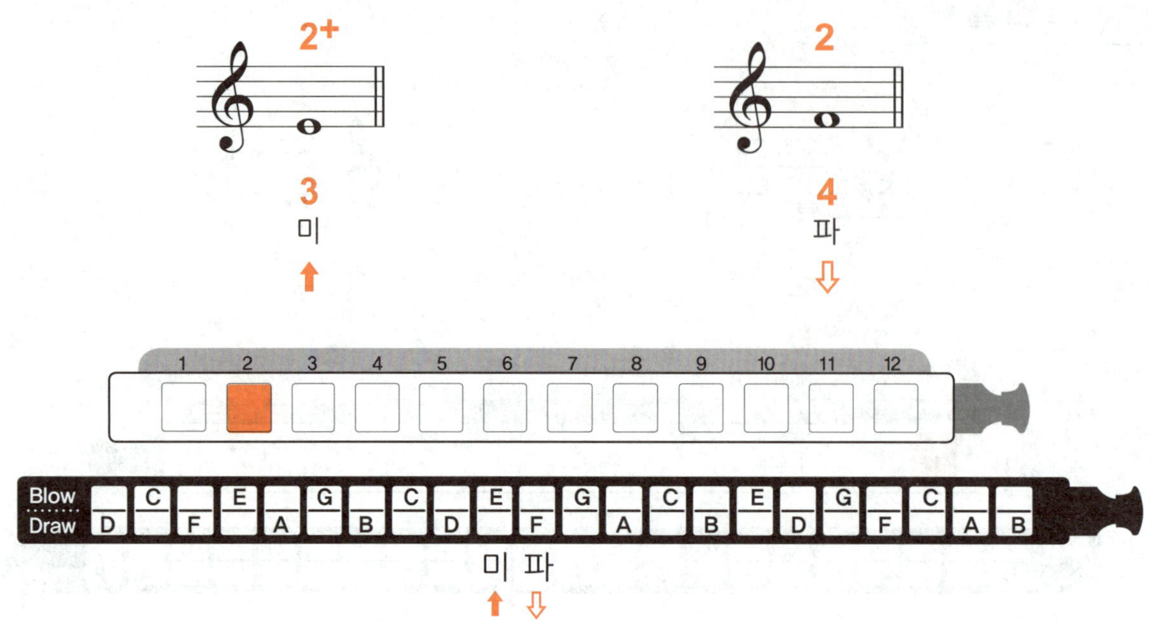

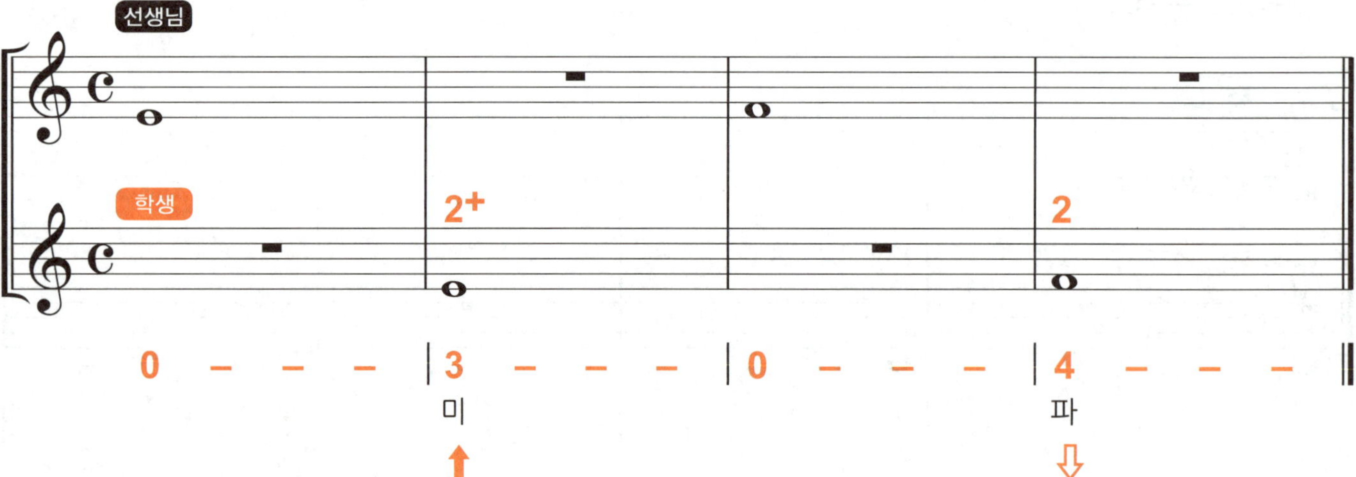

연습 1

1

1 – 2 – | 1 – 0 – | 2 – 1 – | 2 – 0 – :||

↑ ⇩ ↑ ⇩ ↑ ⇩

2

3 – 4 – | 3 – 0 – | 2 – 3 – | 1 – 0 – :||

↑ ⇩ ↑ ⇩ ↑ ↑

3

1 – 3 – | 2 – 4 – | 3 – 1 – | 2 – 0 – :||

↑ ↑ ⇩ ⇩ ↑ ↑ ⇩

4

4 – 3 – | 2 – 4 – | 3 – 2 – | 1 – 0 – :||

⇩ ↑ ⇩ ⇩ ↑ ⇩ ↑

연습 2

1

1 1 2 2 | 3 3 4 0 | 3 3 2 2 | 1 1 1 0 :||

↑ ↑ ⇩ ⇩ ↑ ↑ ⇩ ↑ ↑ ⇩ ⇩ ↑ ↑ ↑

2

3 4 3 2 | 1 2 3 0 | 4 2 3 1 | 2 4 3 0 :||

↑ ⇩ ↑ ⇩ ↑ ⇩ ↑ ⇩ ⇩ ↑ ↑ ⇩ ⇩ ↑

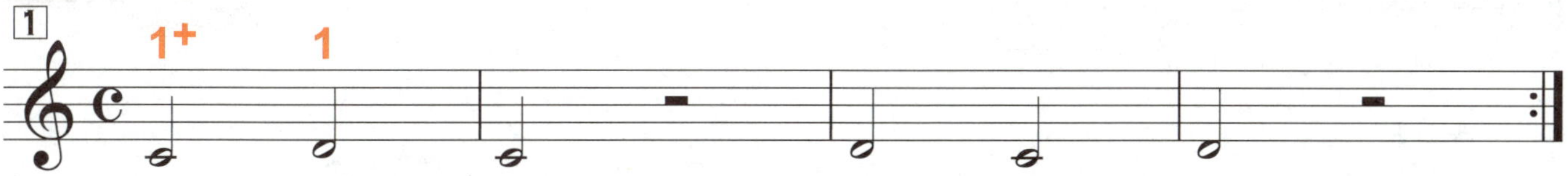

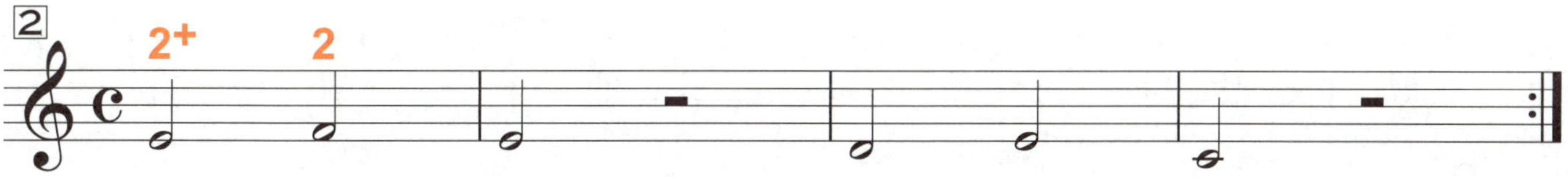

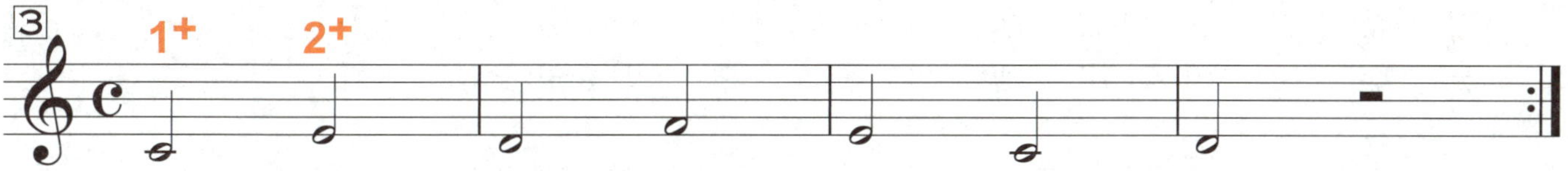

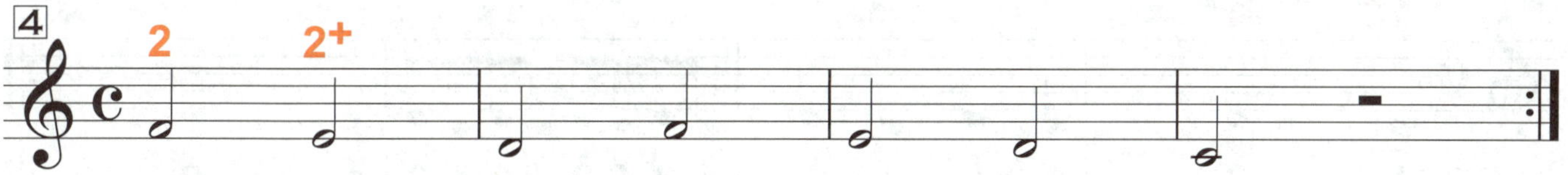

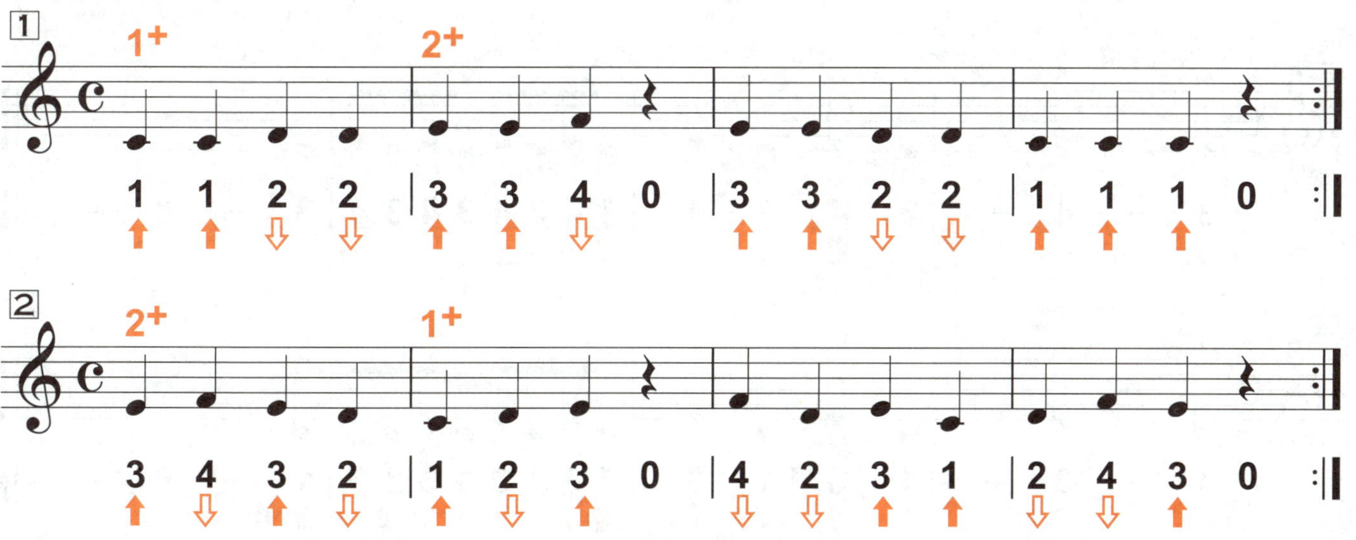

비행기

윤석중 작사 / 미국 민요

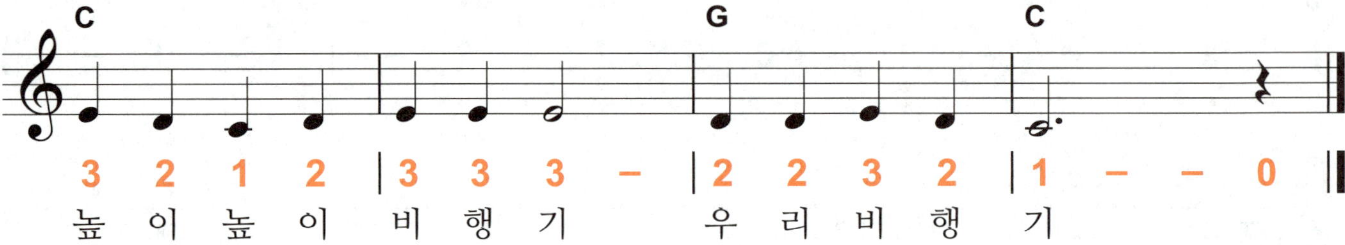

연습 3

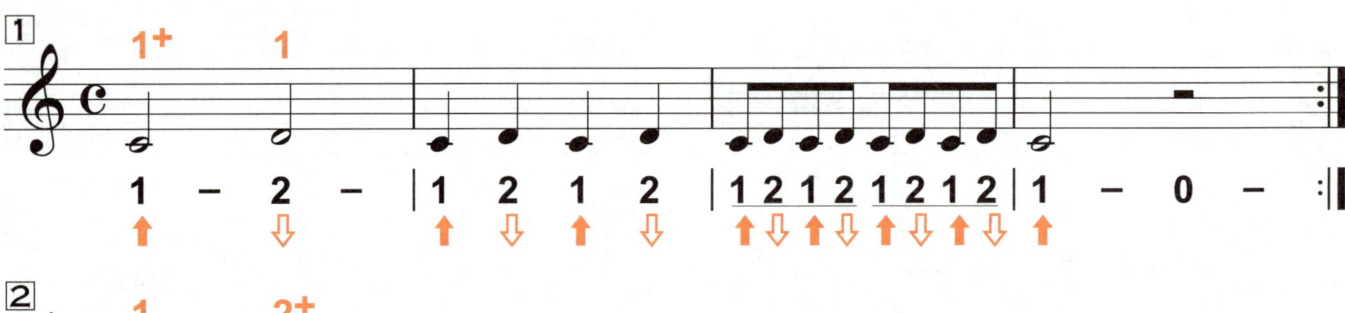

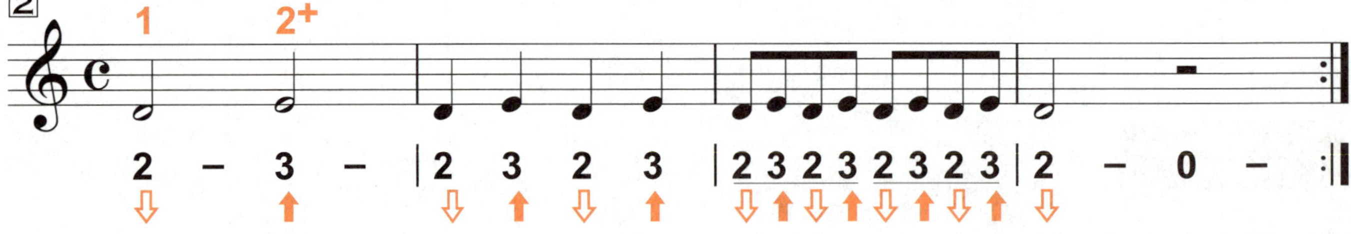

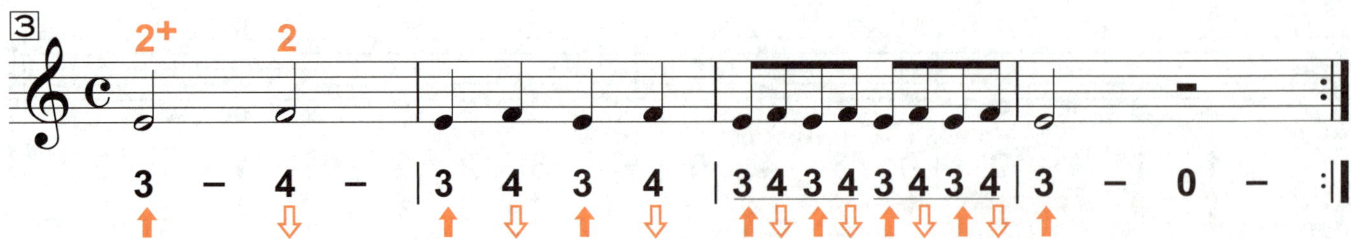

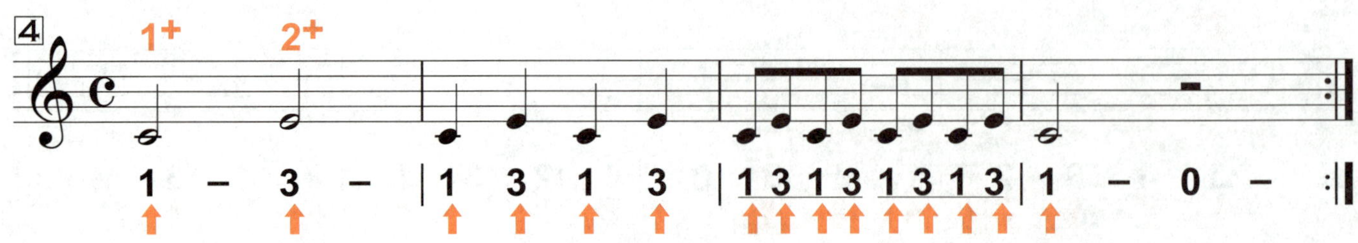

하모니카 송

제임스 정 작사 · 작곡

빠르게

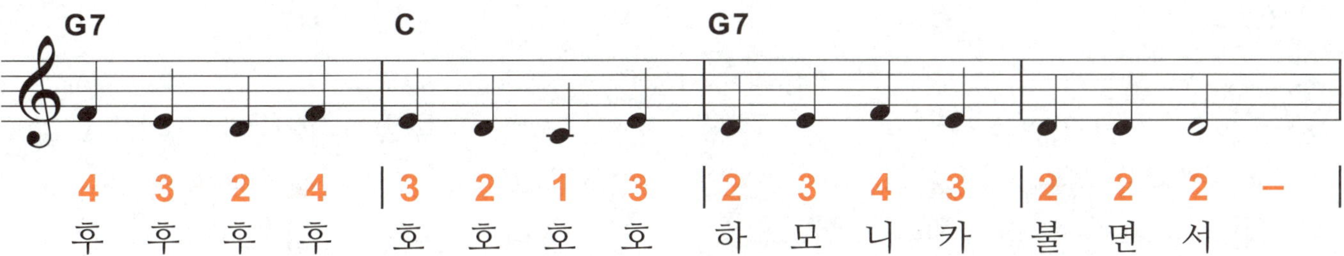

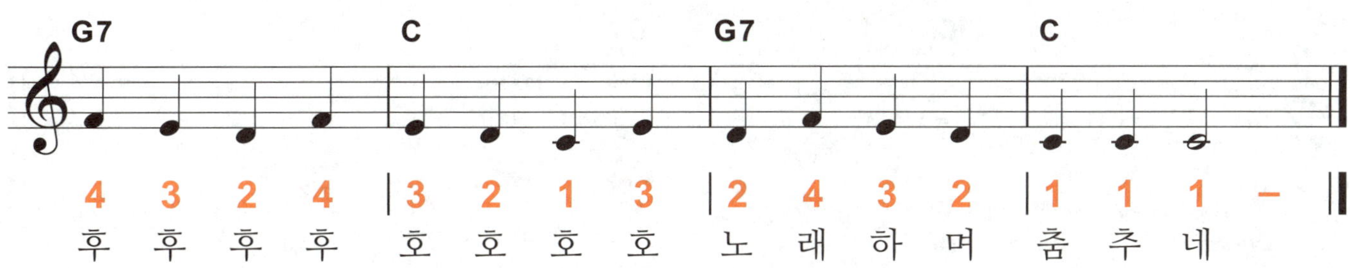

구두

김성균 작사 · 작곡,
장은진 편곡

1파트

조금 느리게

구두

2파트

조금 느리게

C   G7   C   G7
1   —   3 |2   —   4 |1   —   3 |2   —   4 |

C   G7   C   G7   C
1   —   3 |2   —   4 |1   —   4 |1   —   0 |

G7   C   G7   C   G7
2   —   4 |1   —   3 |2   —   3 |2   —   4 |

G7   C   G7   C
2   —   4 |1   —   3 |2   —   4 |1 3   — |

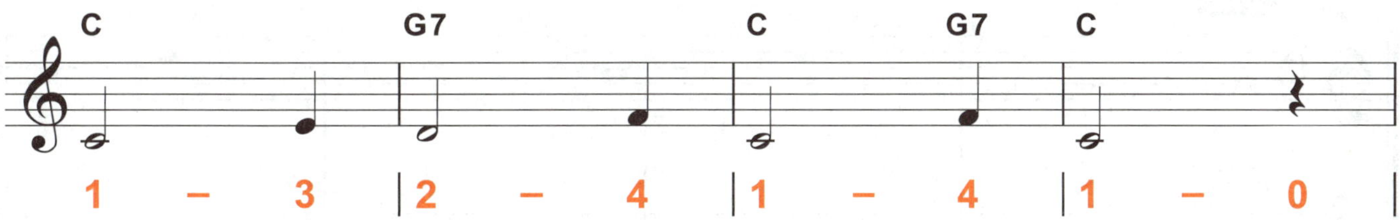

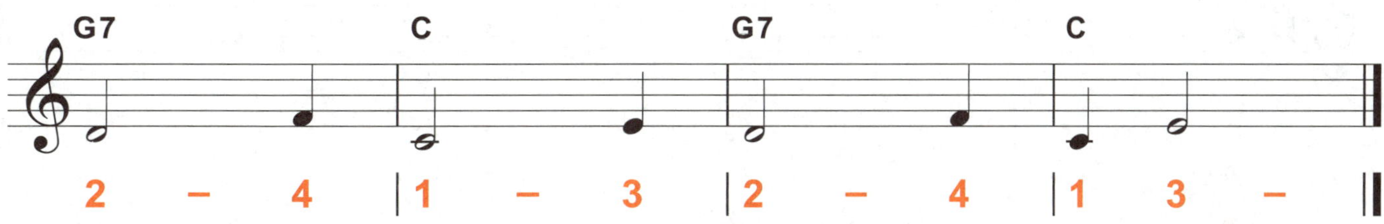

Play 5 ··· 저음(솔, 라, 시, 도)

솔, 라(3번홀)

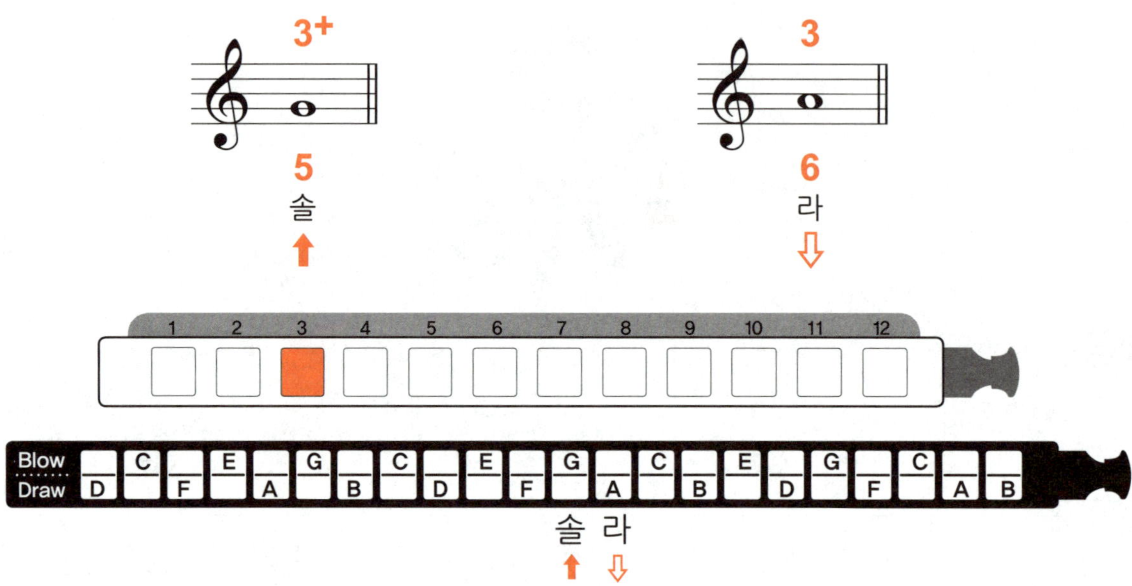

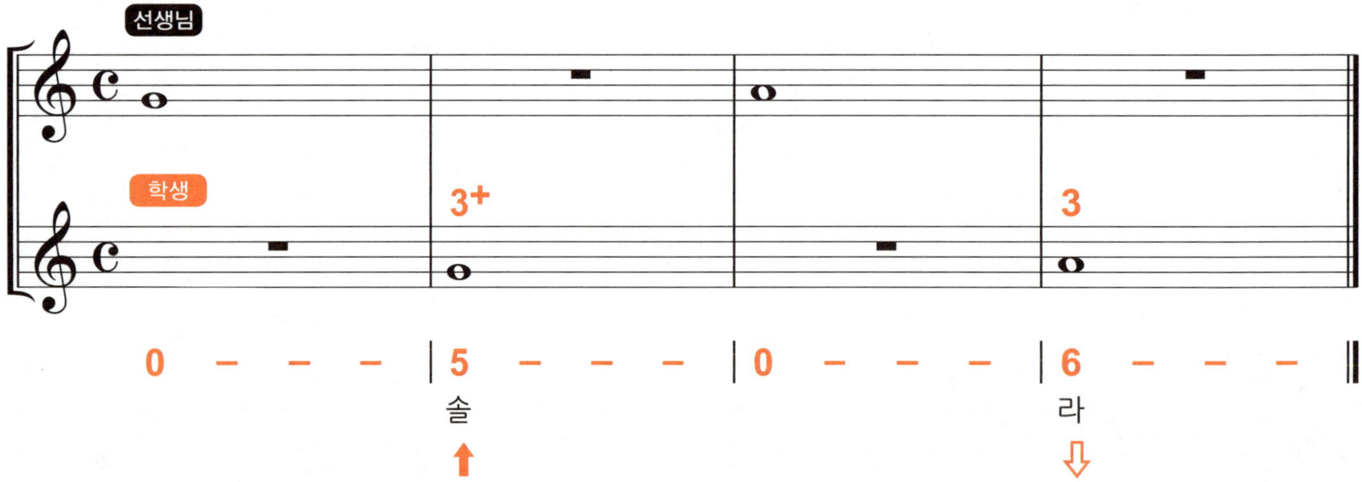

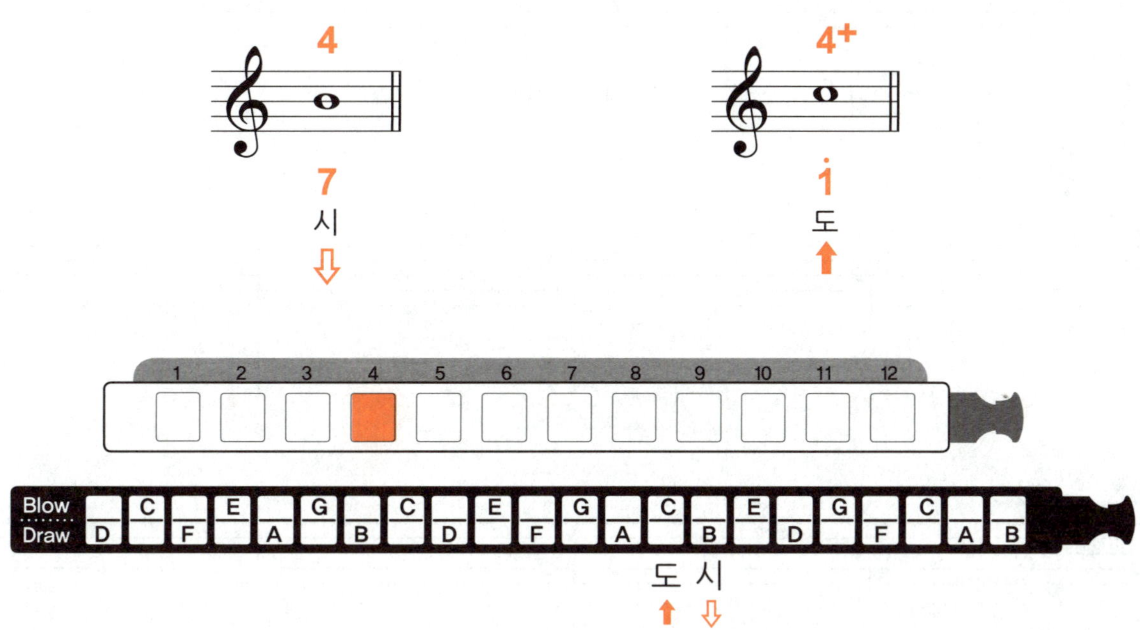

주의 깊게 듣고 따라하기

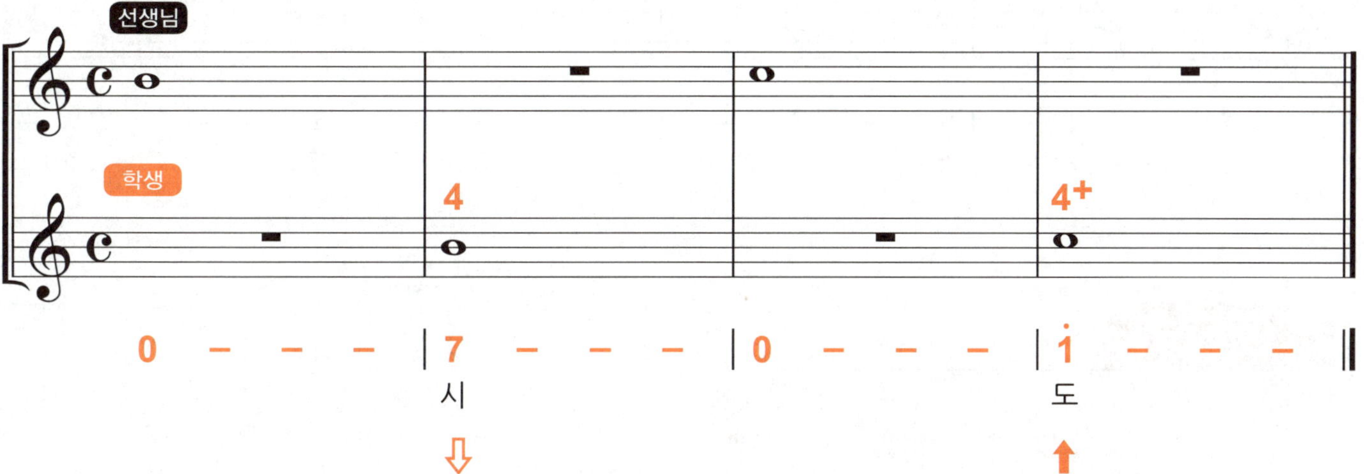

길게 소리내기

3+   3
5 - 6 - |5 - - 0 |6 - 5 - |6 - - 0

4   4+
7 - i - |7 - - 0 |i - 7 - |i - - 0

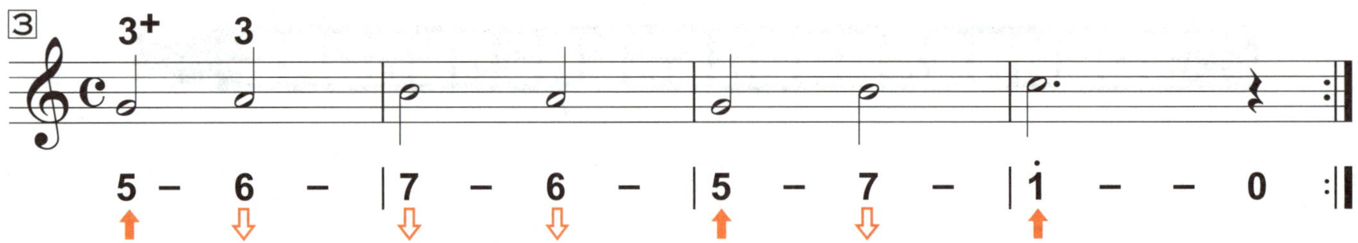

3+   3
5 - 6 - |7 - 6 - |5 - 7 - |i - - 0

4+   4
i - 7 - |i - 6 - |i - 5 - |i - - 0

3+   3   4   4+
5 5 6 6 |7 7 i 0 |7 7 6 6 |5 5 5 0

5 6 5 7 |5 6 7 0 |i 7 i 6 |5 7 i 0

Ode To Joy

L. V. 베토벤 작곡

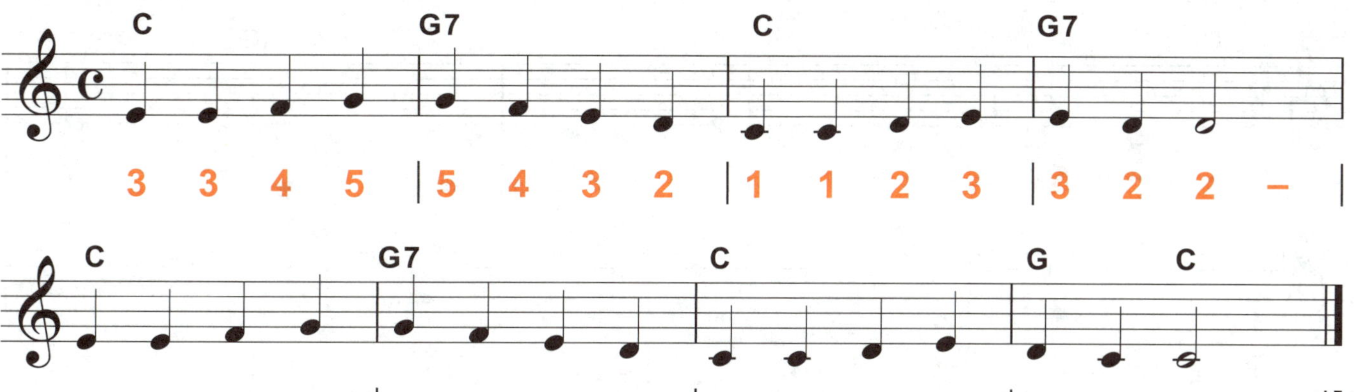

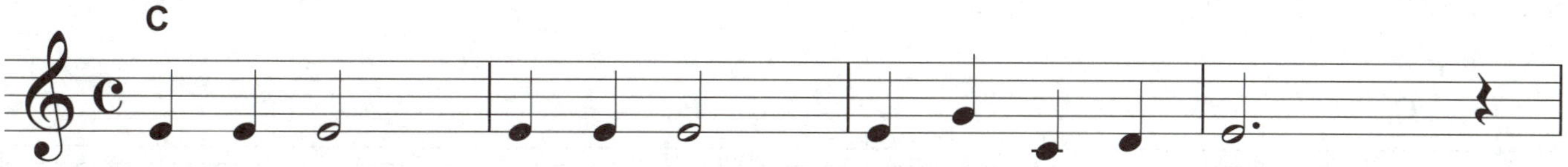

징글벨

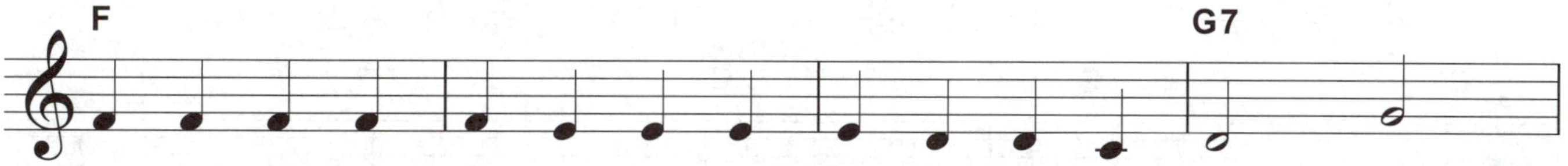

안병원 작사 / 피어폰트 작곡

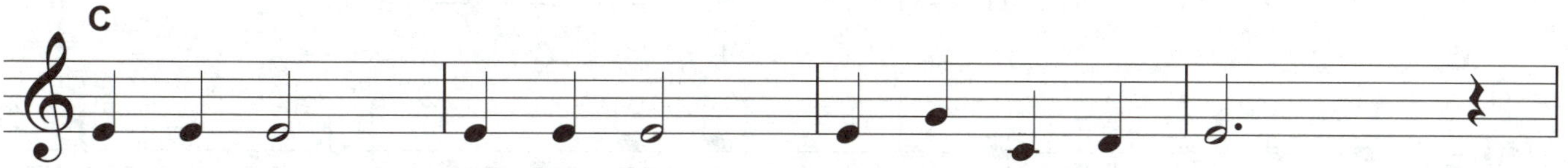

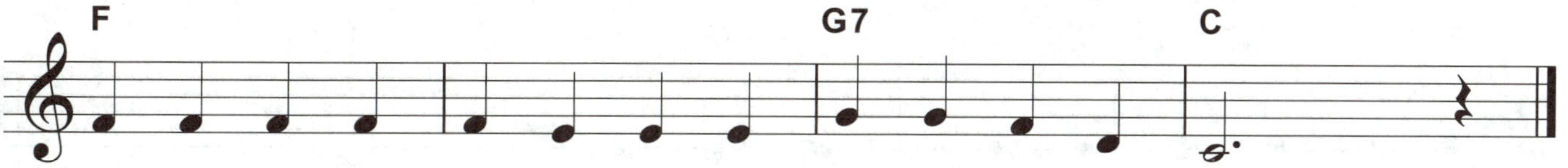

신세계 교향곡

A. 드보르작 작곡

보통 빠르게

자전거

목일신 작사 / 김대현 작곡

조금 빠르게

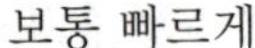

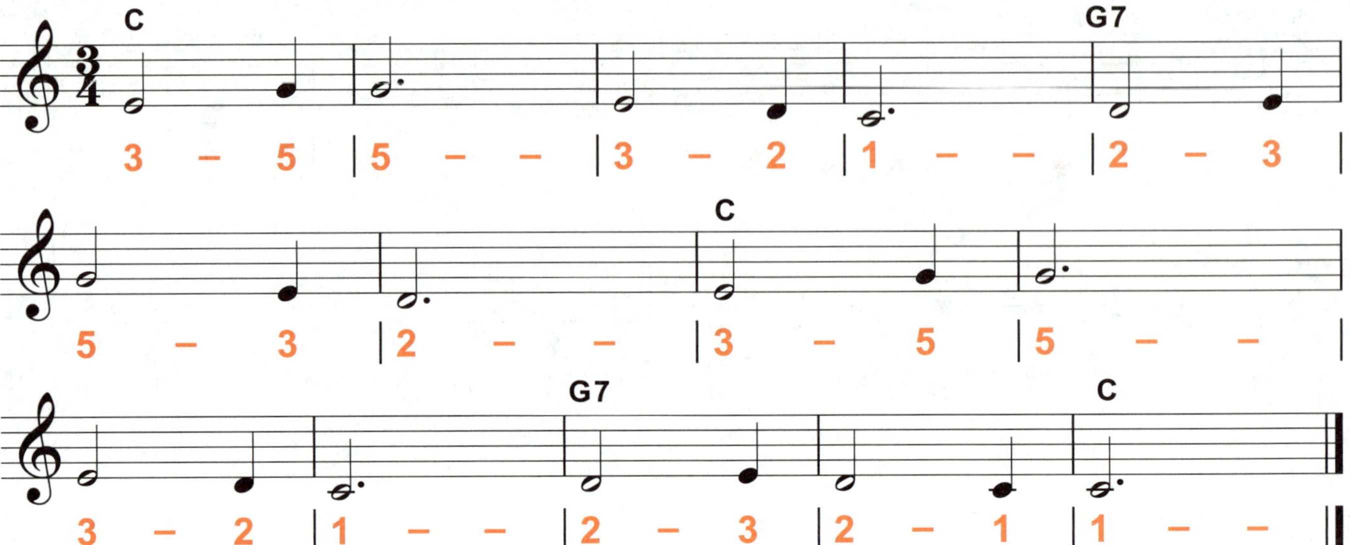

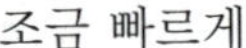

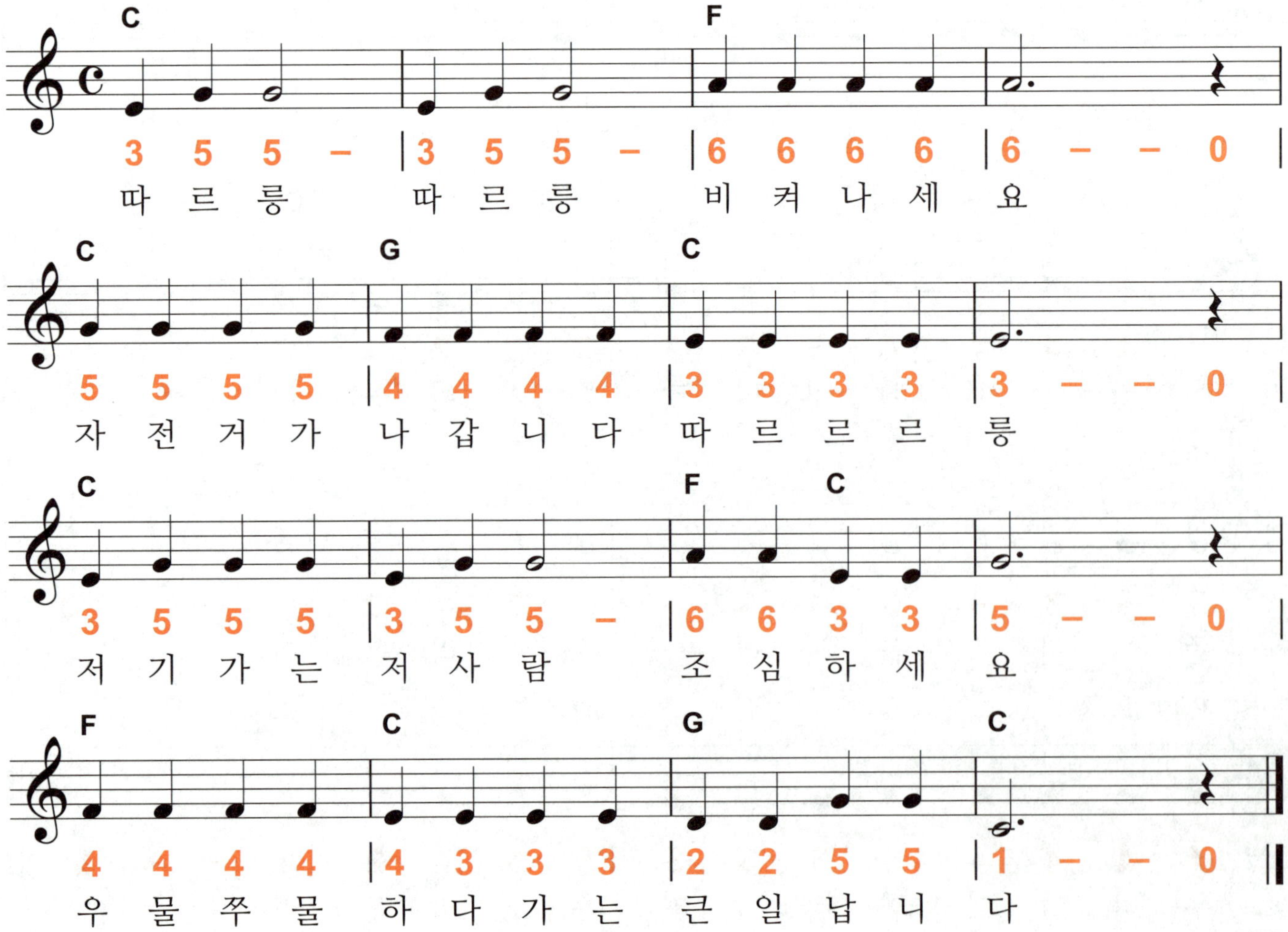

연습 6

1
3+   3
5 - 6 - | 5 6 5 6 | 5 6 5 6 5 6 5 6 | 5 - 0 - :

2
4+   3
1 - 6 - | 1 6 1 6 | 1 6 1 6 1 6 1 6 | 1 - 0 - :

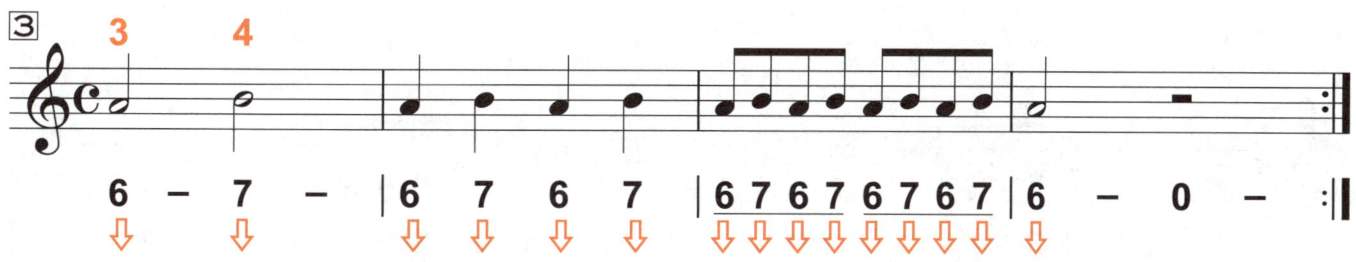

3
3   4
6 - 7 - | 6 7 6 7 | 6 7 6 7 6 7 6 7 | 6 - 0 - :

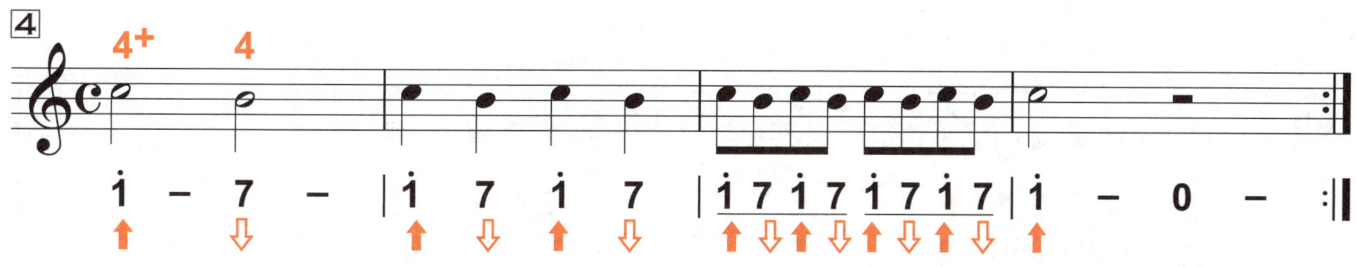

4
4+   4
1 - 7 - | 1 7 1 7 | 1 7 1 7 1 7 1 7 | 1 - 0 - :

통통통통

작사, 작곡 미상

빠르게

요기 여기

김정순 작사 / 김숙경 작곡

빠르게

어머님 은혜

윤춘병 작사 / 박재훈 작곡

조금 빠르게

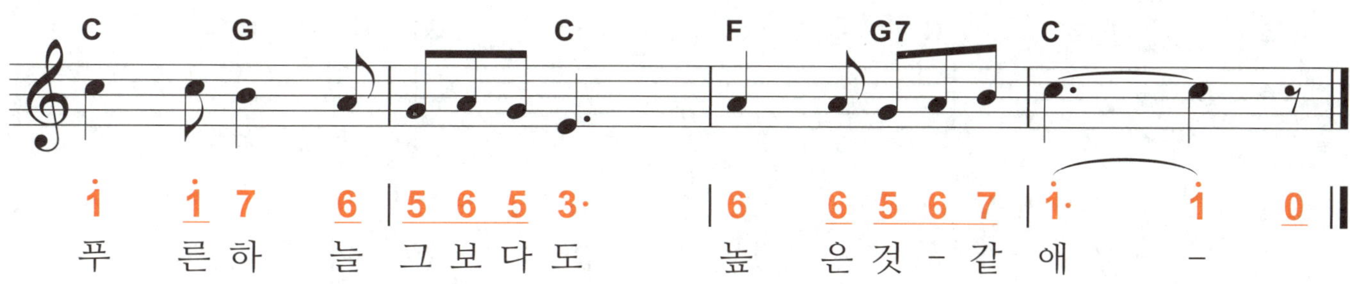

즐거운 나의 집

김재인 역사 / 비숍 작곡

봄 (사계)

비발디 작곡

조금 빠르게
C
1 |3 3 3 2 1|5 − − 5 4|3 3 3 2 1|5 − − 5 4|
C   F D G7   C
3 4 5 4 3 |2 − − 1 |3 3 3 2 1|5 − − 5 4|
C   F D G7
3 3 3 2 1|5 − − 5 4|3 4 5 4 3 |2 − − 1 |
C   F C   C   F C
5 4 3 4 5 |6 5 − 1 |5 4 3 4 5 |6 5 − 1 |
F C G7 C G7   C   F C
6 5 − 4 |3 2 1 2 − |1 − 0 1 |5 4 3 4 5 |6 5 − 1 |
C   F C   F C G7 C G7   C
5 4 3 4 5 |6 5 − 1 |6 5 − 4 |3 2 1 2 − |1 − − |

43

젓가락행진곡

릴리 작곡

1파트

빠르게

젓가락행진곡

2파트

빠르게

G7   C
4   4   4 |4   4   4 |3   3   3 |3   3   3 |

G7   C
2   2   2 |2   2   2 |1   1   1 |1   2   3 |

G7   C
4   4   4 |4   4   4 |3   3   3 |3   3   3 |

G7   C
2   2   2 |2   2   2 |1   1   1 |1   —   0 ‖

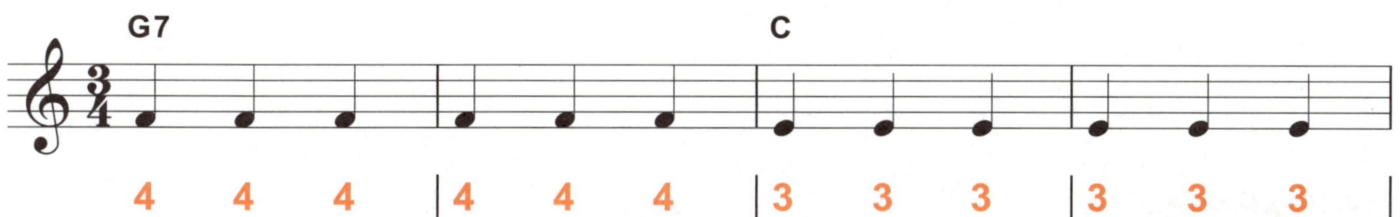

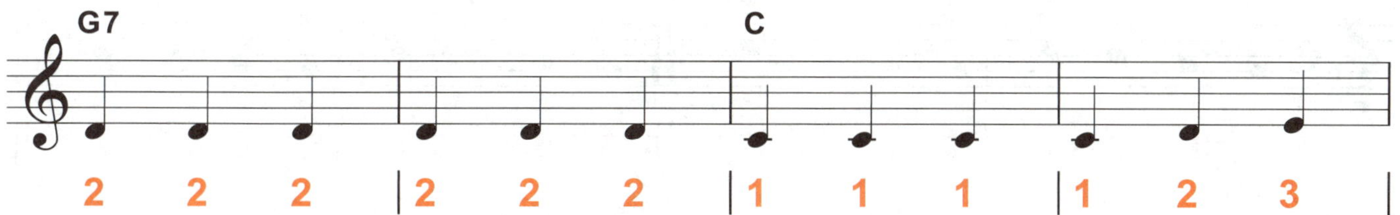

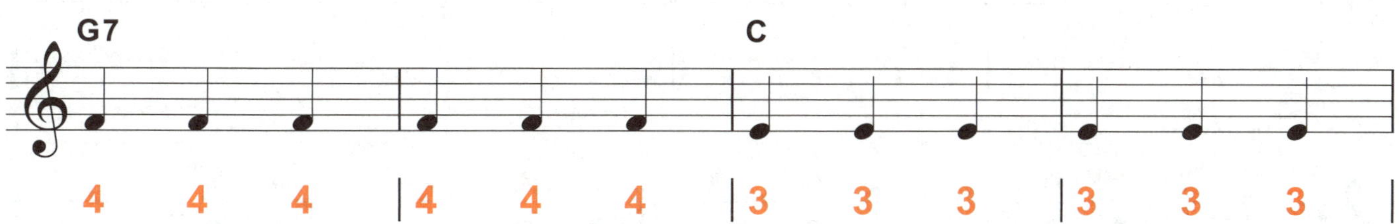

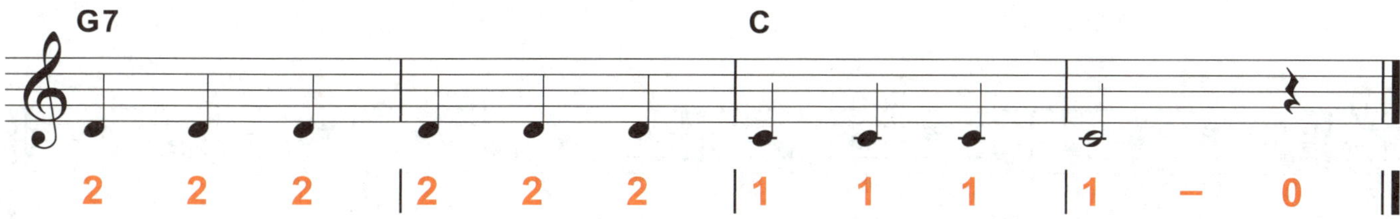

Play 6 ··· 중음(도)

중음 도(4번홀, 5번홀)

크로매틱 하모니카의 구조에 따라 중음 도를 4번홀과 5번홀에서 두 가지 방법으로 연주할 수 있습니다. 멜로디의 원활한 진행이나 일정한 호흡을 유지하는 데에 편한 방법을 선택하는 것이 가장 좋습니다. 저음이 많이 나오는 멜로디에서는 4번홀을, 중음에서 시작하는 멜로디는 5번홀을 주로 사용합니다.

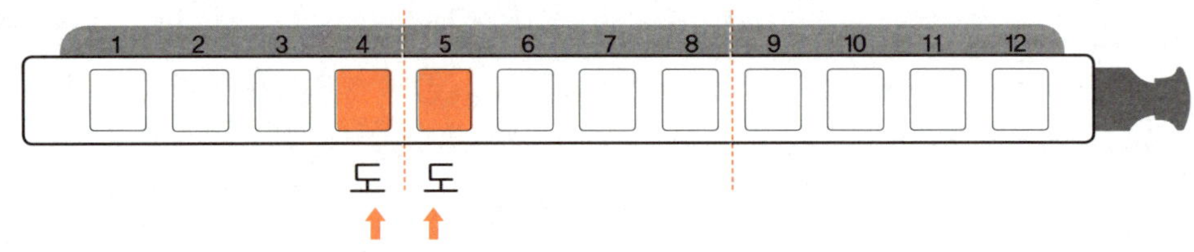

연습 7

꿀밤나무 밑에서

미국 민요

Play 7 ··· 중음(도, 레, 미, 파)

중음 도, 레(5번홀)

크로매틱 하모니카의 중음은 구조상 저음처럼 홀의 위치만 다르고 음의 배열과 같습니다.

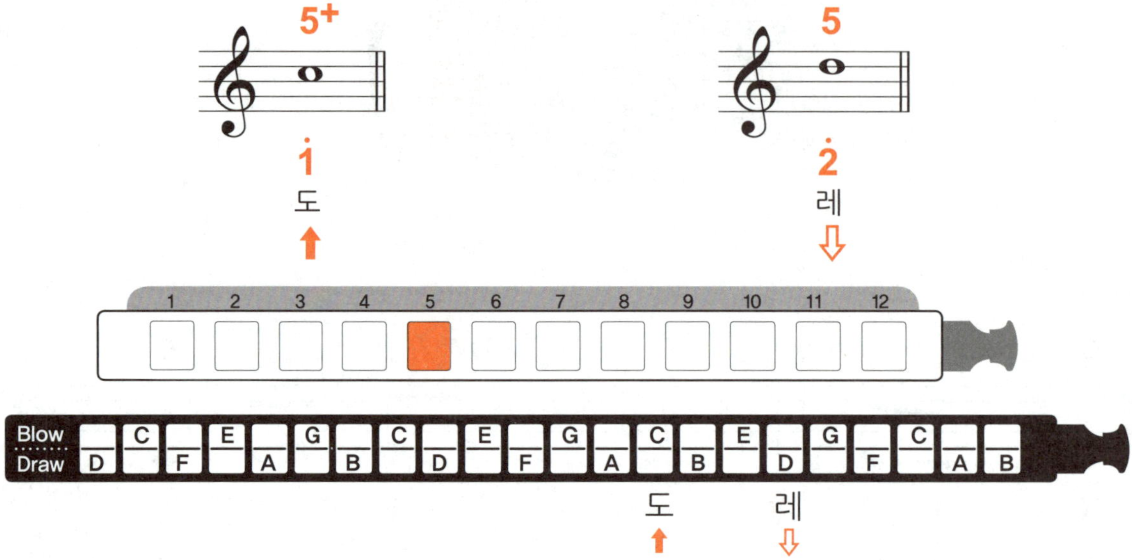

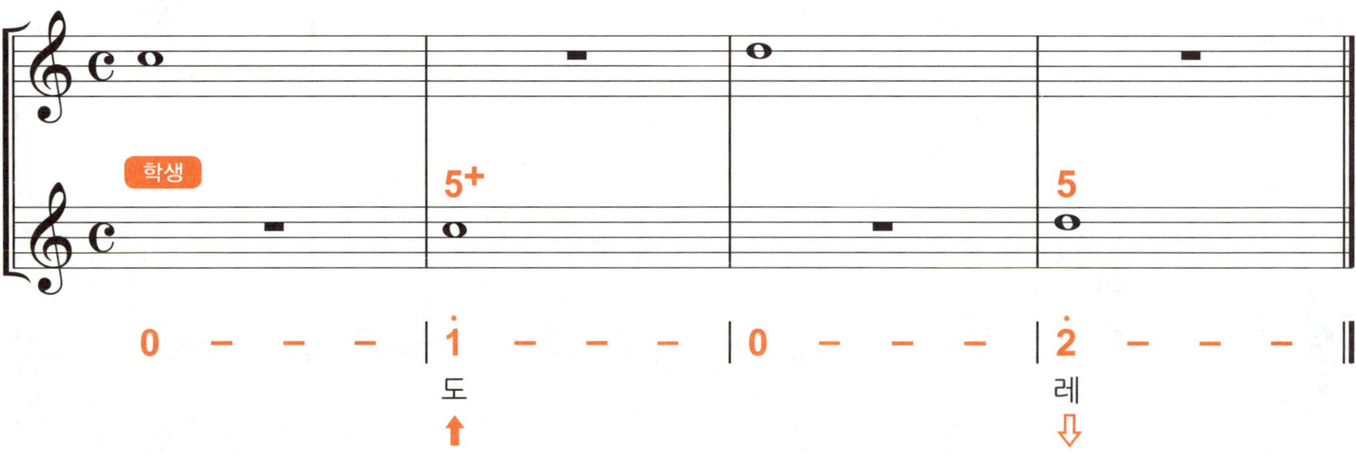

중음 미, 파(6번홀)

6+
3
미
6
4
파
1 2 3 4 5 6 7 8 9 10 11 12
Blow
Draw
C E G C E G C E G C
D F A B D F A B D F A B
미
파

주의 깊게 듣고 따라하기

선생님
학생
6+
6
0 — — — 3 — — — 0 — — — 4 — — —
미
파

길게 소리내기

6+ 6
3 파 — — 4 — — — 3 — — — 4 — — — 3 — — —
미 파 미 파 미

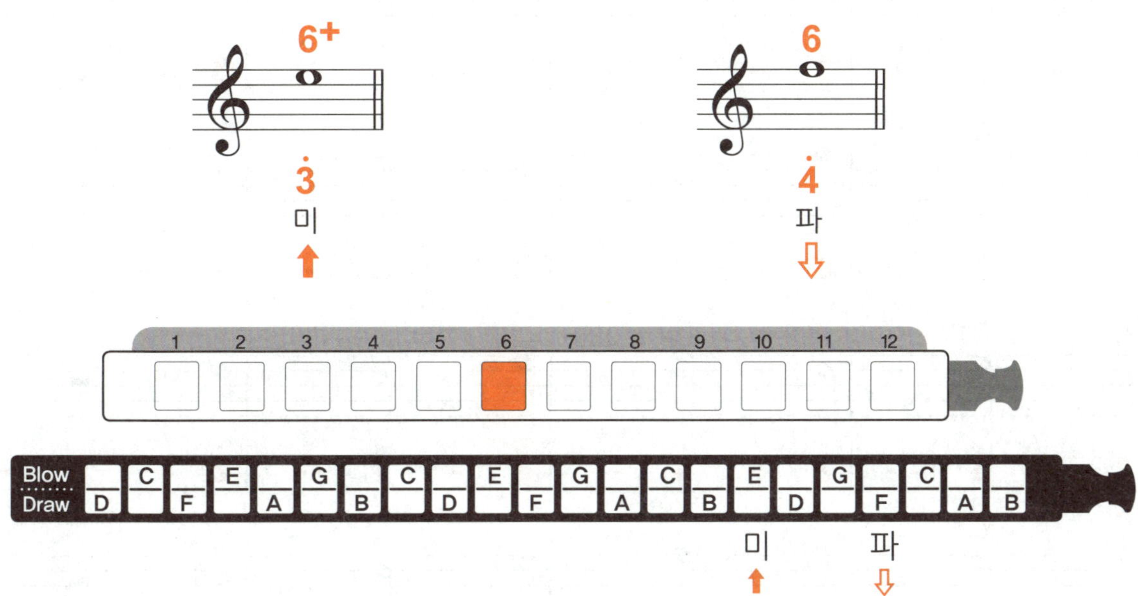

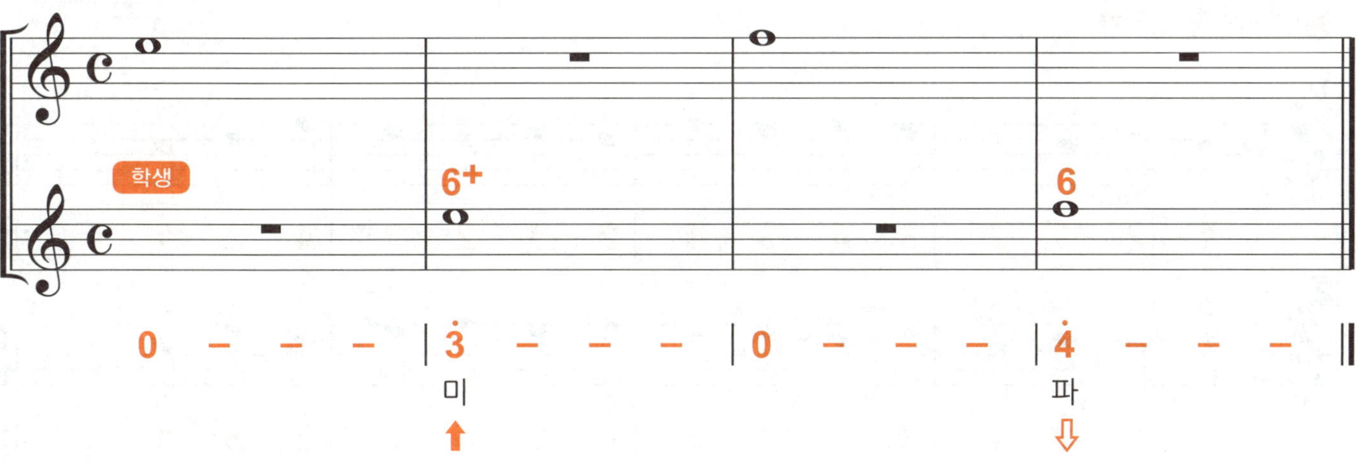

연습 8

1
5+   5
1 – 2 – |1 – 0 – |3 – 4 – |3 – 0 – :‖
2
5   6+
2 – 3 – |4 – 0 – |2 – 3 – |1 – 0 – :‖
3
5+   6+
1 – 3 – |2 – 4 – |3 – 1 – |2 – 0 – :‖
4
6   6+
4 – 3 – |2 – 4 – |3 – 2 – |1 – 0 – :‖

연습 9

1
5+
1 2 1 2 |3 4 3 4 |2 3 2 3 |4 2 1 0 :‖
2
5
2 1 2 1 |3 2 3 2 |4 3 4 3 |2 3 1 0 :‖
3
6+
3 4 3 2 |1 2 3 1 |4 2 3 1 |2 3 2 0 :‖
4
5+
1 2 3 4 |4 3 2 1 |2 3 2 4 |3 2 1 0 :‖

고요한 밤 거룩한 밤

F. X. 그루버 작곡

1
5+   5
1 - 2 - | 1 2 1 2 | 1 2 1 2 1 2 1 2 | 1 - 0 -
2
6+   6
3 - 4 - | 3 4 3 4 | 3 4 3 4 3 4 3 4 | 3 - 0 -
3
5   6+
2 - 3 - | 2 3 2 3 | 2 3 2 3 2 3 2 3 | 2 - 0 -
4
5+   6+
1 - 3 | 1 3 1 3 | 1 3 1 3 1 3 1 3 | 1 - 0 -
5
5+   6
1 - 4 - | 1 4 1 4 | 1 4 1 4 1 4 1 4 | 1 - 0 -
6
5   6
2 - 4 - | 2 4 2 4 | 2 4 2 4 2 4 2 4 | 2 - 0 -

고향의 봄

이원수 작사 / 홍난파 작곡

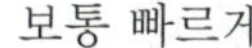

보통 빠르게

연가

이명원 작사 / 변혁 작곡

보통 빠르게

피노키오

M. 제라드, C. 루이즈 작사 · 작곡

애니로리

스코트 작곡 / 장은진 편곡

1파트

보통 빠르게

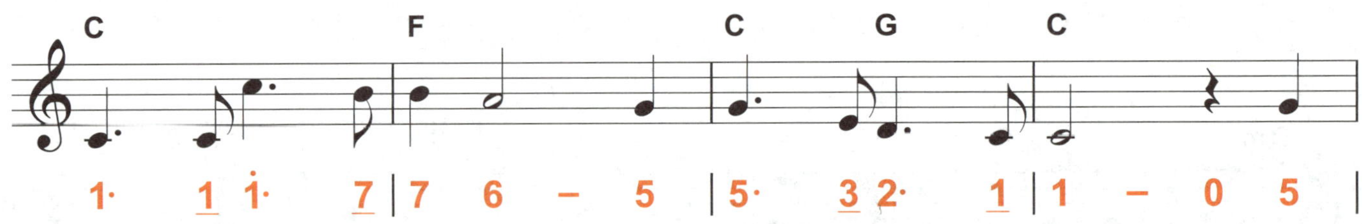

애니로리

2파트

보통 빠르게

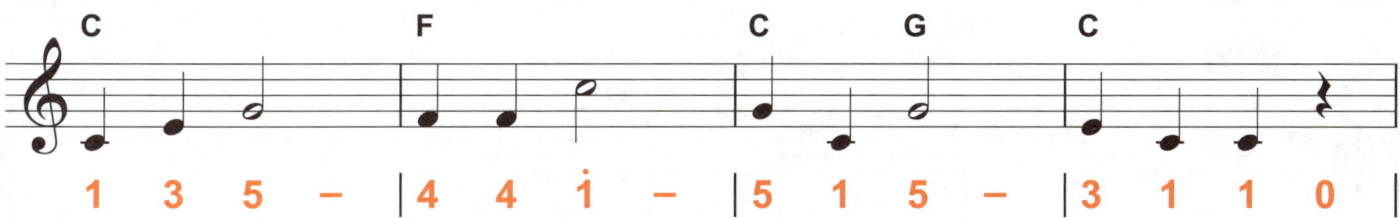

Play 8 ··· 중음(솔, 라, 시, 도)

중음 솔, 라(7번홀)

크로매틱 하모니카의 중음은 구조상 저음처럼 홀의 위치만 다르고 음의 배열과 같습니다.

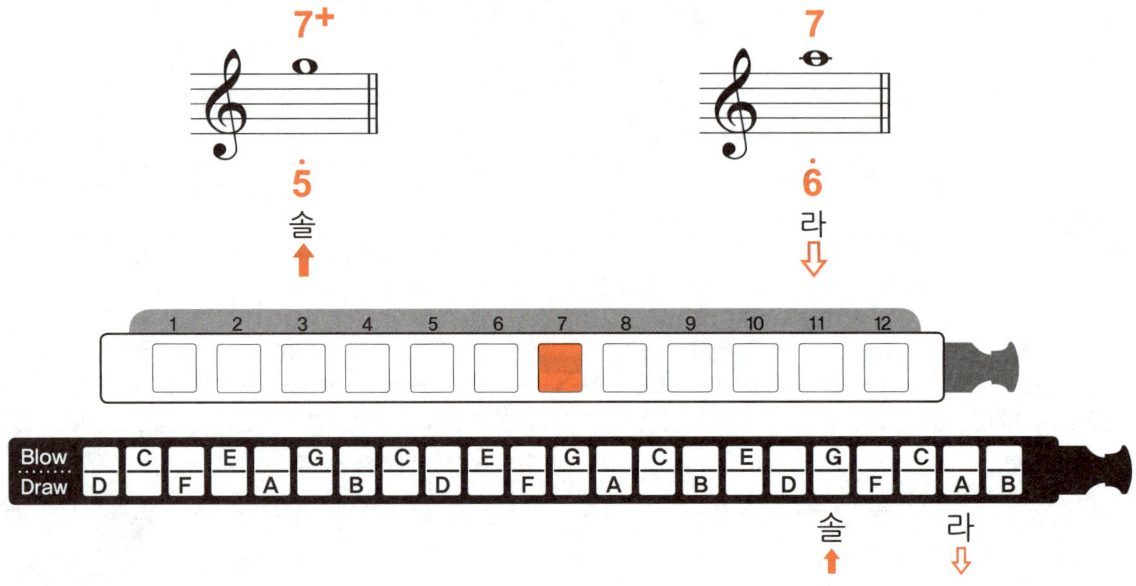

주의 깊게 듣고 따라하기

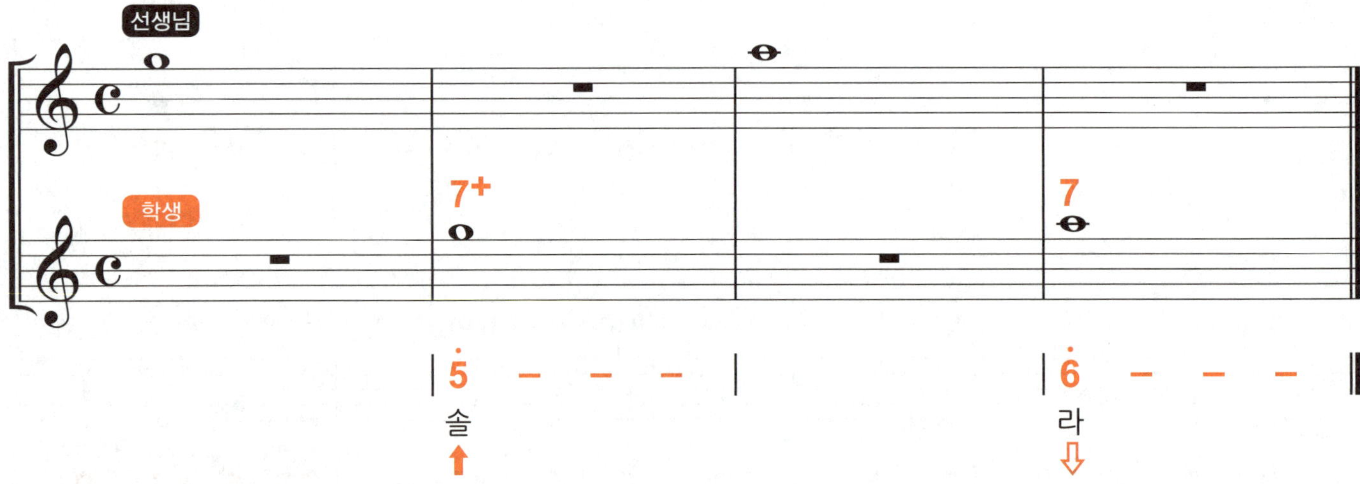

길게 소리내기

중음 시, 도(8번홀)

크로매틱 하모니카의 중음은 구조상 저음의 홀의 위치만 다르고 음의 배열과 같습니다.

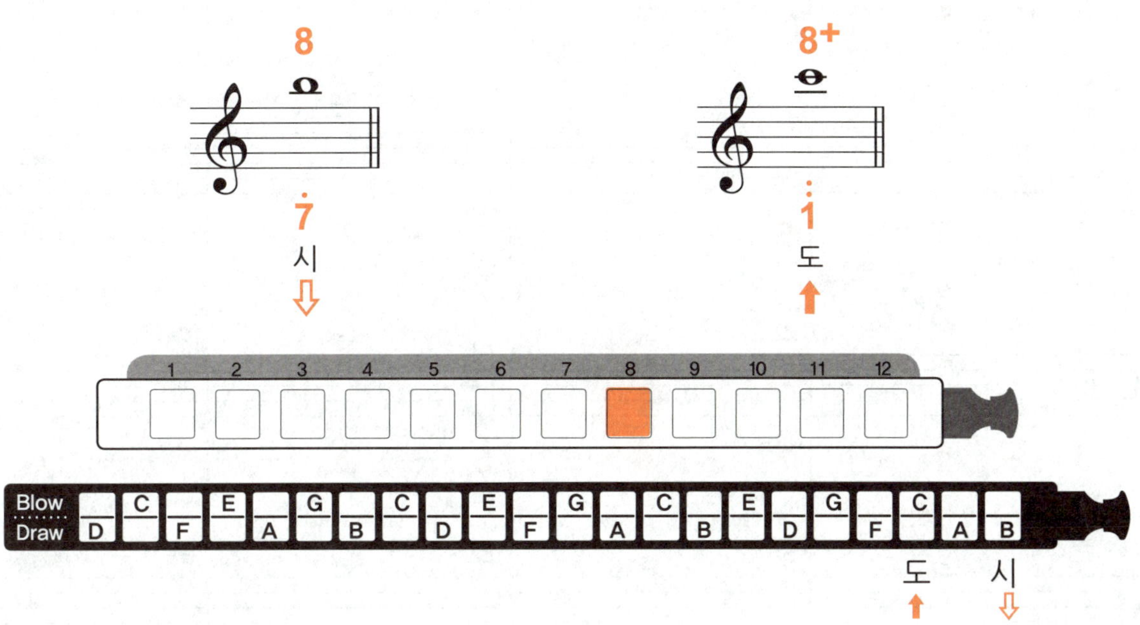

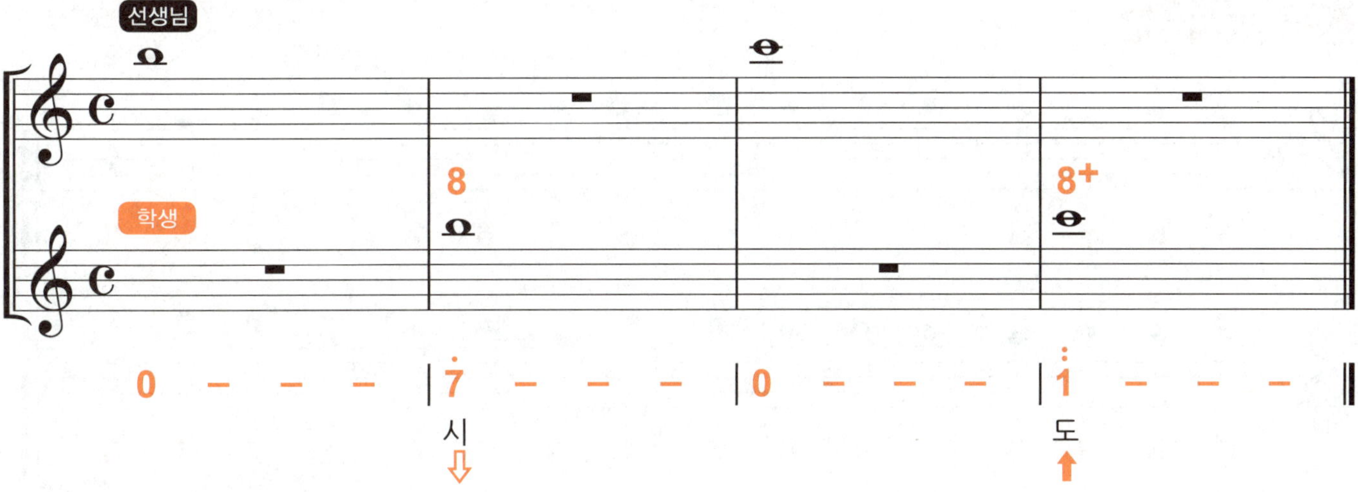

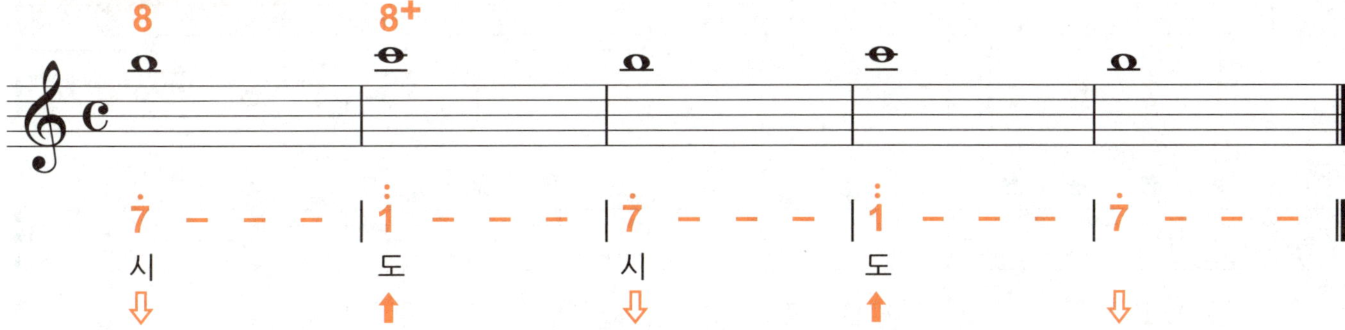

연습 11

연습 12

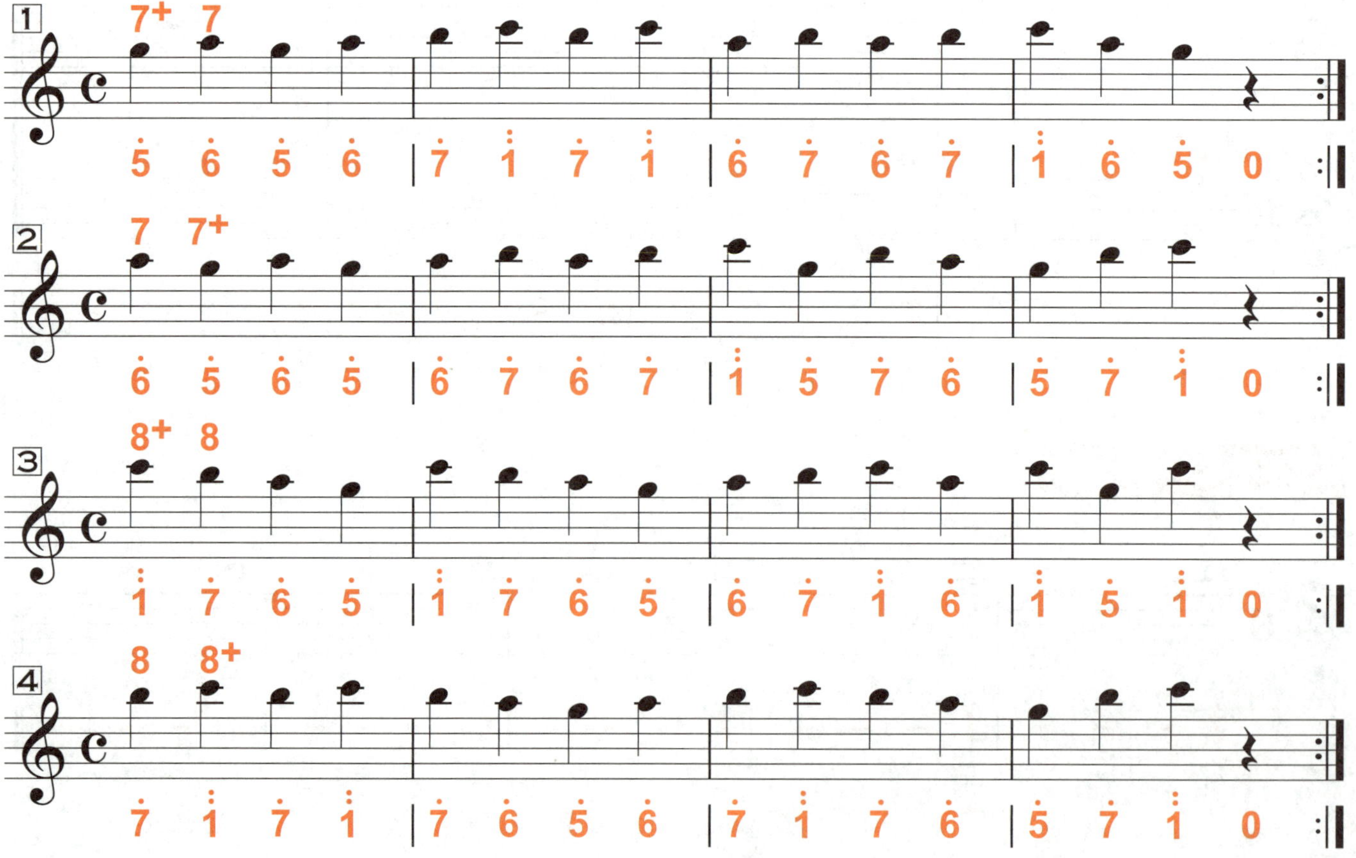

아리랑

우리나라 민요

보통 빠르게
C
G7
5· 6 5 6 | 1· 2 1 2 3 | 2 3 2 1 6 | 5· 6 5 6 |
아 리랑－아 리랑－아 라－－리－요 － － －
C
F
C
1· 2 1 2 | 3 2 1 6 5 6 | 1· 2 1 | 1 － 0 |
아 리랑－고－개－로－넘 어간 다
C
G7
5 － 5 | 5 3 2 | 3 2 3 2 1 6 | 5· 6 5 6 |
나 를 버 리 고 가 시－는님－은 － － －
C
F
C
1· 2 1 2 | 3 2 1 6 5 6 | 1· 2 1 | 1 － － |
십 리도－못－가－서－발 병난 다

1
7+   7
5 – 6 – | 5 6 5 6 | 5 6 5 6 5 6 5 6 | 5 – 0 – :‖

2
7+   8
5 – 7 – | 5 7 5 7 | 5 7 5 7 5 7 5 7 | 5 – 0 – :‖

3
7   8
6 – 7 – | 6 7 6 7 | 6 7 6 7 6 7 6 7 | 6 – 0 – :‖

4
7+   8+
5 – 1 – | 5 1 5 1 | 5 1 5 1 5 1 5 1 | 5 – 0 – :‖

5
7   8+
6 – 1 – | 6 1 6 1 | 6 1 6 1 6 1 6 1 | 6 – 0 – :‖

6
8   8+
7 – 1 – | 7 1 7 1 | 7 1 7 1 7 1 7 1 | 7 – 0 – :‖

이태선 작사 / 박태준 작곡

보통 빠르게

여수

J. P. 오드웨이 작곡

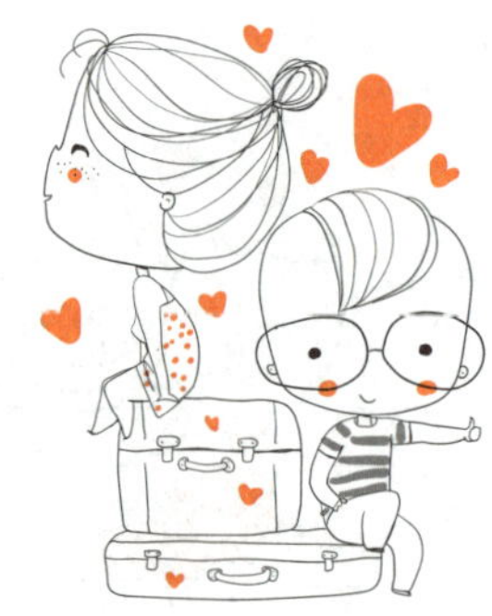

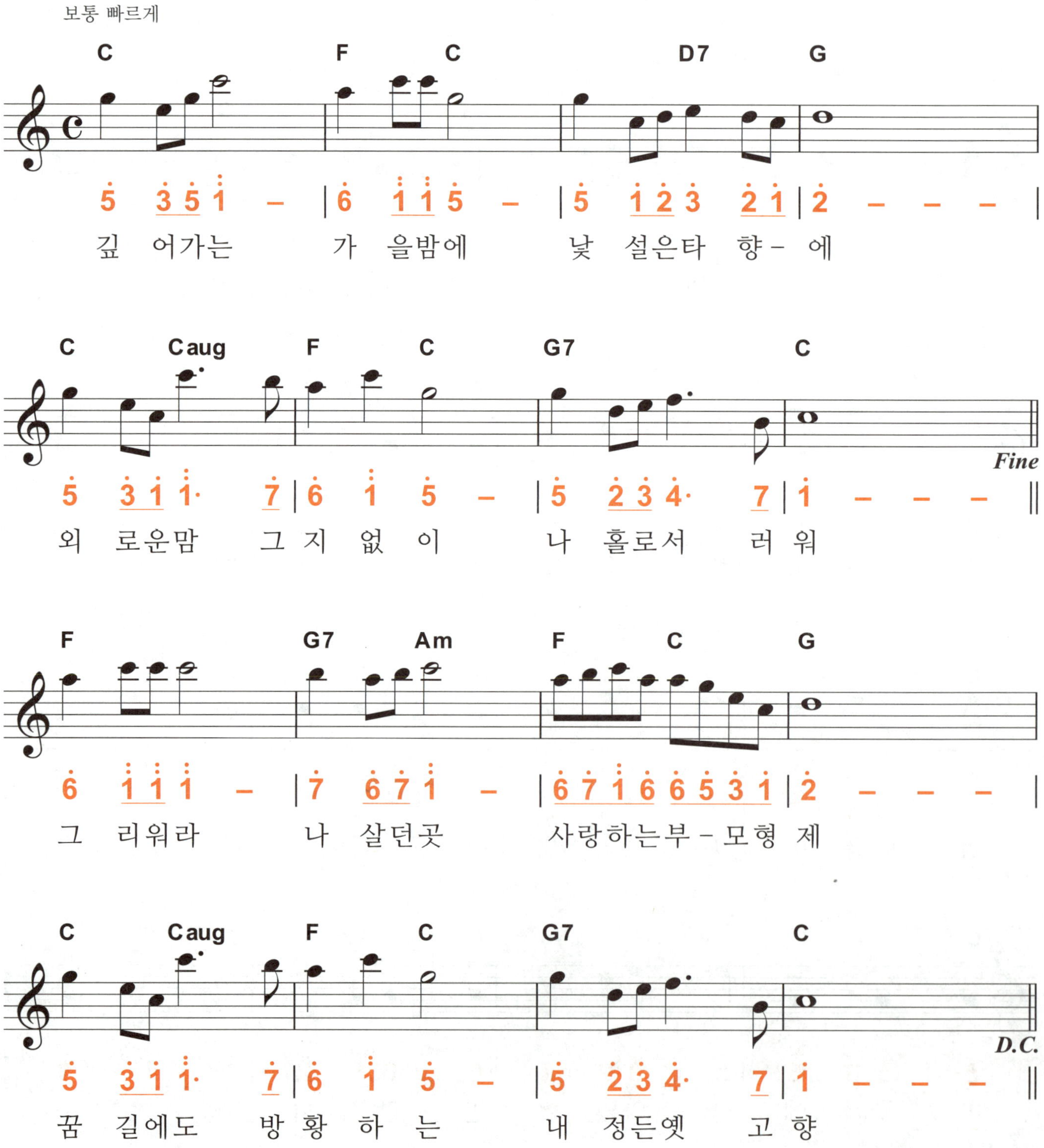
보통 빠르게
C F C D7 G
5 351 - |6 115 - |5 123 21|2 - - - |
깊 어가는 가 을밤에 낯 설은타 향- 에
C Caug F C G7 C
5 311· 7|6 1 5 - |5 234· 7|1 - - - ||
Fine
외 로운맘 그 지 없 이 나 홀로서 러 워
F G7 Am F C G
6 111 - |7 671 - |67166531|2 - - - |
그 리워라 나 살던곳 사랑하는부-모형 제
C Caug F C G7 C
5 311· 7|6 1 5 - |5 234· 7|1 - - - ||
D.C.
꿈 길에도 방 황 하 는 내 정든옛 고 향

할아버지의 낡은 시계

역사자 미상 / H. 워크 작곡

보통 빠르게

작은 별

프랑스 동요

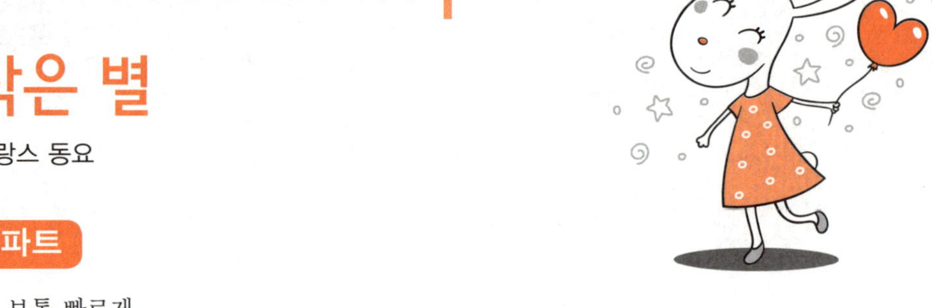

1파트

보통 빠르게

작은 별

보통 빠르게

C　　　　　　F　　C　　　G　　Am　　G　　C
1　1　3　1 ｜4　1　3　1 ｜2　2　1　1 ｜2　2　1　－ ｜

C　　　G　　　C　　　G　　　C　　　G　　　Am　　G
3　1　2　－ ｜1　1　2　－ ｜3　1　2　2 ｜1　1·2 1　2 ｜

C　　　　　　F　　C　　　G　　Am　　G　　C
1　1　3　1 ｜4　1　3　1 ｜2　2　1　1 ｜2　2　1　－ ｜

C　　　　　　F　　C　　　G　　Am　　G　　C
1　1　5　5 ｜6　6　5　－ ｜4　4　3　3 ｜2　2　1　1̇2̇ ｜

C　　　G　　C　Am　G　　C　　　G　　Am　　G
3̇2̇1̇　2̇17 ｜1̇76　5712̇ ｜3̇2̇1̇　2̇17 ｜1̇　1·2̇1̇　7 ｜

C　　　　　　F　　C　　　G　　C　　Dm　G　C
1　1　5　5 ｜6　6　5　－ ｜4　4　3　3 ｜2　2　1　－ ‖

Play 9 ··· 변화음 주법

변화음

변화음은 ♯, ♭, ♮등의 기호를 말하며 조표나 임시표로 사용됩니다. 트레볼로 하모니카로 변화음를 연주할 때는 C조 하모니카와 배열이 같은 C♯조 하모니카를 사용하는데 C♯하모니카는 C조 하모니카보다 반음 높게 소리가 납니다.

C♯조 하모니카는 다음과 같이 임시표 ♭를 ♯으로 변환하여 연주를 합니다.

♭레 → ♯도	♭미 → ♯레	♭솔 → ♯파	♭라 → ♯솔	♭시 → ♯라
♭2 → ♯1	♭3 → ♯2	♭5 → ♯4	♭6 → ♯5	♭7 → ♯6

크로매틱 하모니카 변화음 주법

크로매틱 하모니카의 변화음 주법은 오른쪽에 붙어 있는 레버를 사용합니다. 예를 들어 도♯(C♯)를 연주 할 때는 도(C)에서 레버를 누르고 불고, 레♯(D♯)은 레에서 레버를 누르고 마십니다. 즉 한 개의 구멍에서 도, 도♯, 레, 레♯ 등 4개의 음을 낼 수 있습니다.

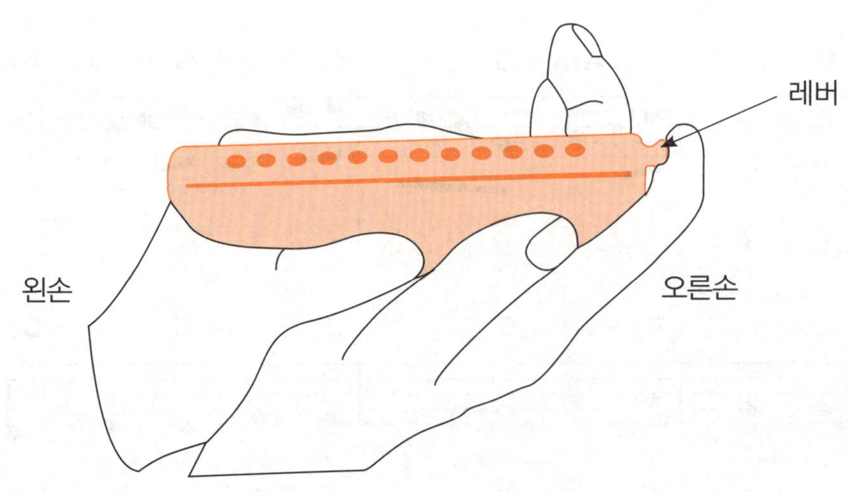

선구자

윤해영 작사 / 조두남 작곡

느리게

산타루치아

이탈리아 민요

마법의 성

김광진 작사 · 작곡

보통 빠르게

Fm C Am Dm G
#5 #5 ♭5 5 5 4 3 4 5 | 3 − − 6 3 | 3 1 1 2 3 1 4 3 | 2 6 5 0 5 |
의성 을지 나늪을건 너 어둠 의동굴속멀리그대 가 보 여 이제

Fm C Am Dm G
#5 #5 ♭5 5 5 4 3 4 5 | 3 − − 6 3 | 3 1 1 2 3 5 4 3 | 2 3 4 5 5 1 7 |
나의 손을잡아보아 요 우리 의몸이떠오르는것 을 느끼죠자유롭

F Em Am Dm G C
6 − 0 5 1 7 | 5 − 0 3 4 5 | 4 0 1 7 6 5 4 | 5 − 0 5 1 7 |
게 저하늘 을 날아가 도 놀라지말아 요 우리앞

F Em Am Dm G C
6 − 0 5 1 7 | 2 4 3 3 4 5 | 5 4 1 3 2· 1 | 1 − − |
에 펼쳐질세 상 이 너무나 소중해함께 라 면

자장가

W. A. 모차르트 작곡

느리게

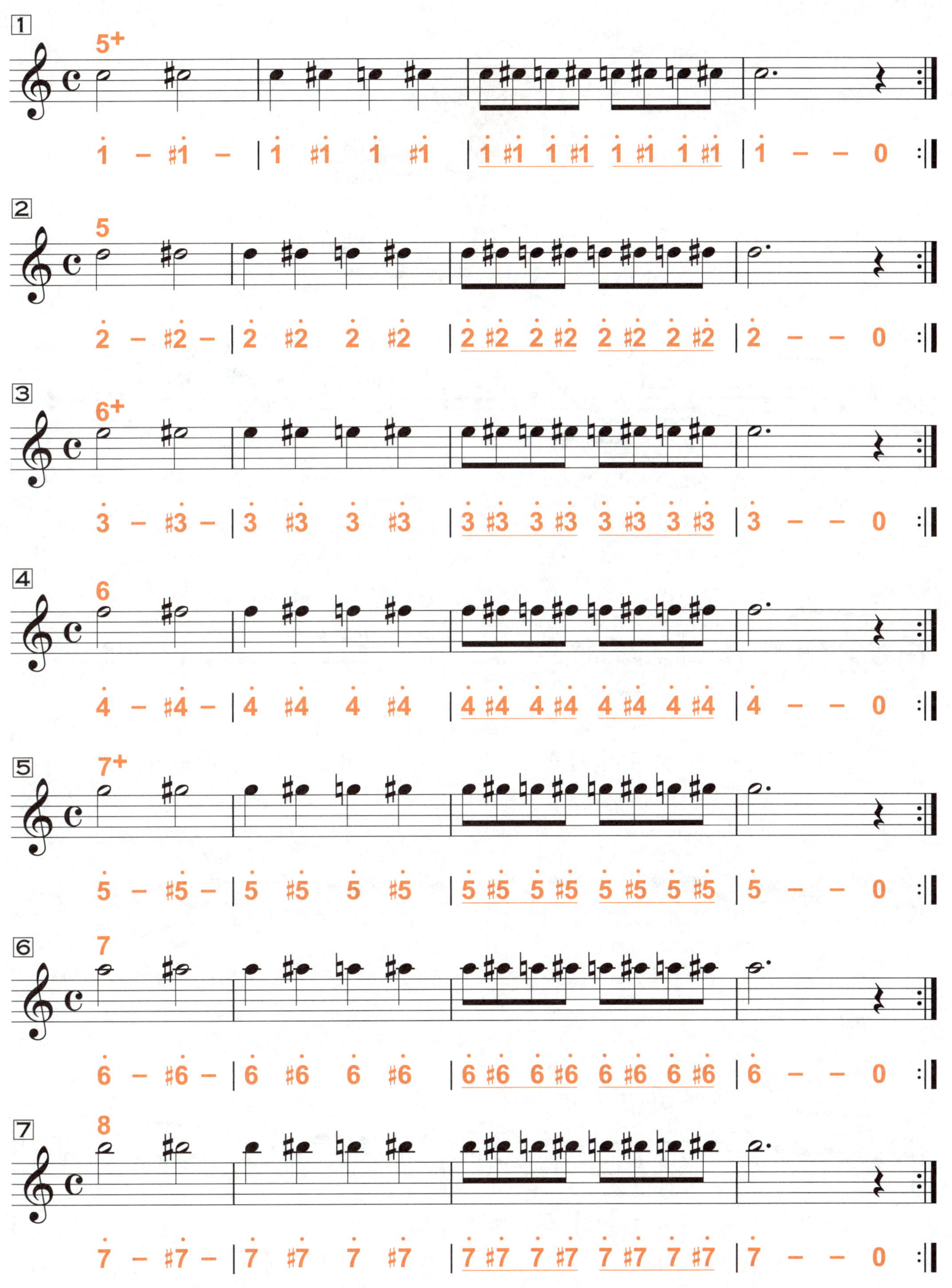

올챙이와 개구리

윤현진 작사 · 작곡

빠르게

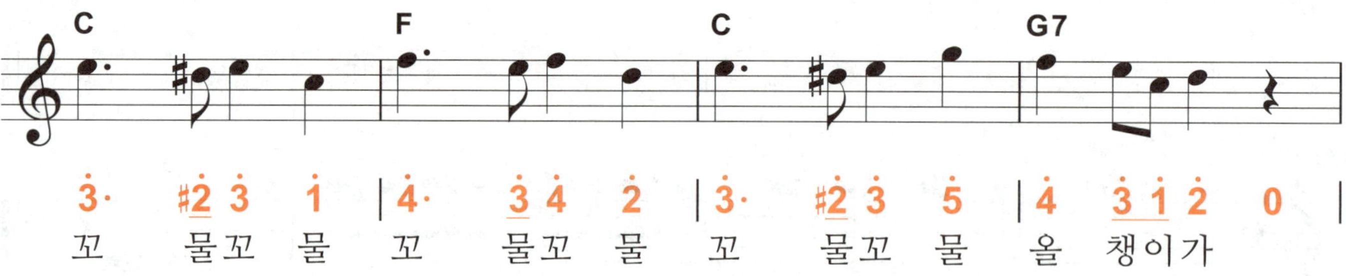

아베마리아

F. 슈베르트 작곡

조금 느리게

오 나의 태양

역사자 미상 / E. di 카푸아 작곡

C   G7   C
5 3 2 1 | 2· 3 | 2 3 2 1· | 1 1 1 7 |
밝 은 해 는 비 치 인 - 다 - 나 의 몸

C   G7
7 5 | 5 | 5 7 7 6 | 6 4 - | 4 7 7 6 |
에 는 - 사 랑 스 런 - 나 의 해

G7   C
6 4 | 4 | 4 2 3 4 | 5 - | 5 0 5 |
님 만 - 비 치 인 다 - 오

Fm   C   G7
#5 - | #5 4 1 #5 | 5 | 5 | 5 3 2 1 | 5 - |
나 - 의 나 의 해 님 - 찬 란 하 게

G7   1.C   2.C
5 3 2 3 2 1 | 1 - | 1 1 1 7 : | 1 - | 1 - | 1 |
- 비 치 인 다 - 다 - -

크리스마스에는 축복을

김현철 작사 · 작곡

1파트

Asus4   A   D   Em
6
2 3 #4 2 | 3 #4 5 7 |

A   Dsus4 D   Bm   Em
#1 3 5 6 | 5 #4 #4 2 #1 | 7 7 2 #4 | 3 #4 5 3 |

A   D   Bm   Em
#1 2 3 5 | #4 5 6 #4 2 #1 | 7 7 2 #4 | 3 #4 5 3 |

A   D   Dsus4   D
#1 2 3 5 | #4 5 6 5 | #4 3 2 2 |

크리스마스에는 축복을

Asus4   A   D   Em
6   2 3 2 #1 | #4   6   2   #4| 5   3̇ 3̇ |
A   Dsus4   D   Bm   Em
3   5   #1̇   3̇| 3̇   2̇ 2̇ | 2̇ 2̇ #4̇ #4̇ 6̇ 6̇| 6̇   5̇ 7 |
A   D   Bm   Em
6̇   5̇ 7 #1̇ | 2̇ | 2̇ 2̇ #4̇ #4̇ 6̇ 6̇| 6̇   5̇ 7 |
A   D   Dsus4   D
6̇   5̇ 7 #1̇ | 2̇ | 2̇   ‖

Play 10 ··· 저저음(도, 시, 라, 솔)

저저음 도, 시(4번홀)

12홀 크로매틱 하모니카는 저저음을 낼 수 있는 홀이 없지만 14홀, 16홀 크로매틱 하모니카는 저저음을 낼 수 있습니다. 14홀, 16홀의 크로매틱 하모니카의 저저음은 저음이나 중음처럼 홀의 위치만 다르고 음의 배열과 같습니다.

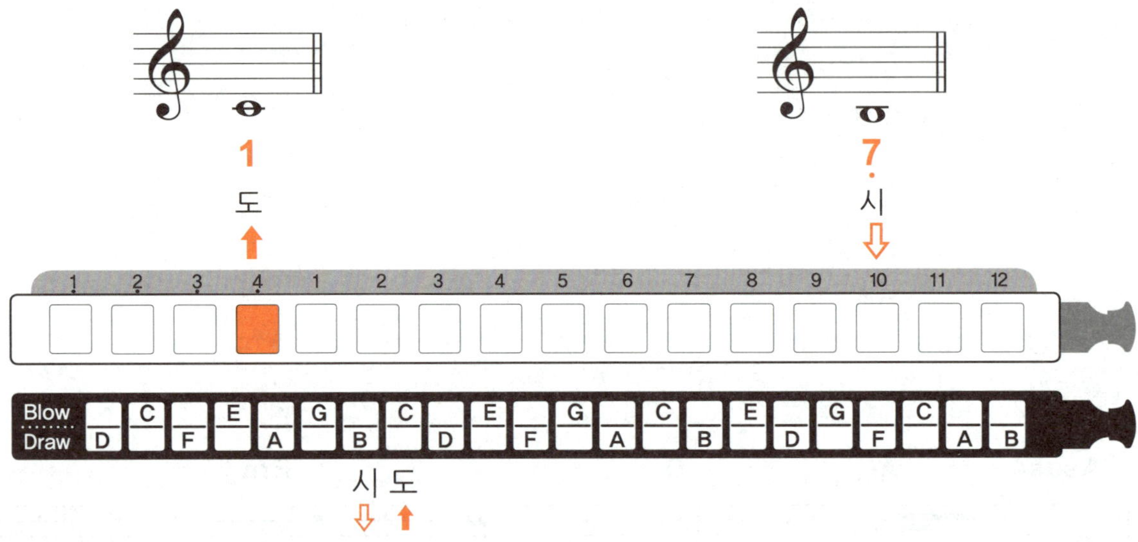

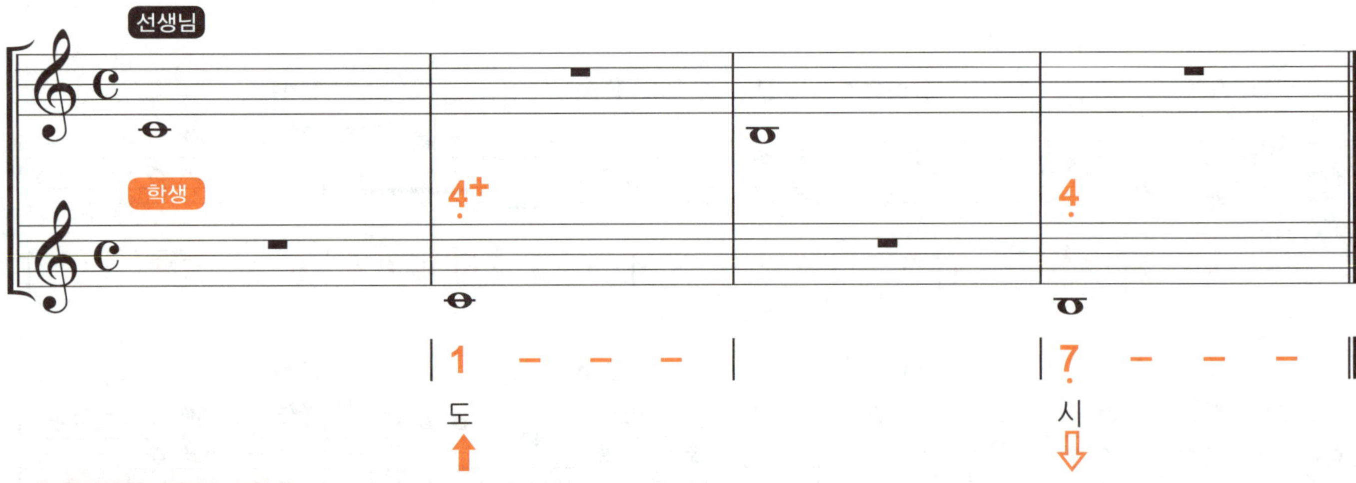

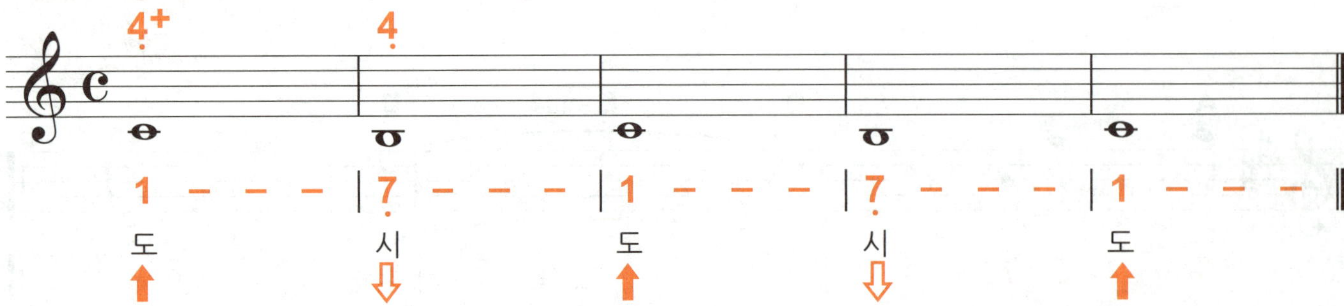

저저음 라, 솔(3번홀)

크로매틱 하모니카의 저저음은 구조상 저음이나 중음처럼 홀의 위치만 다르고 음의
배열과 같습니다.

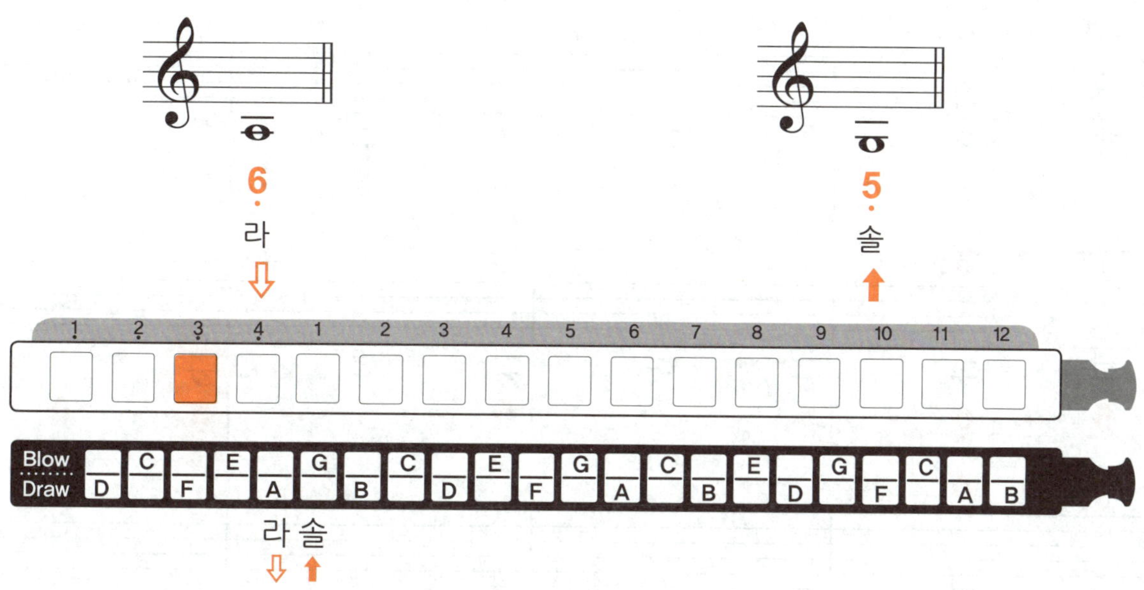

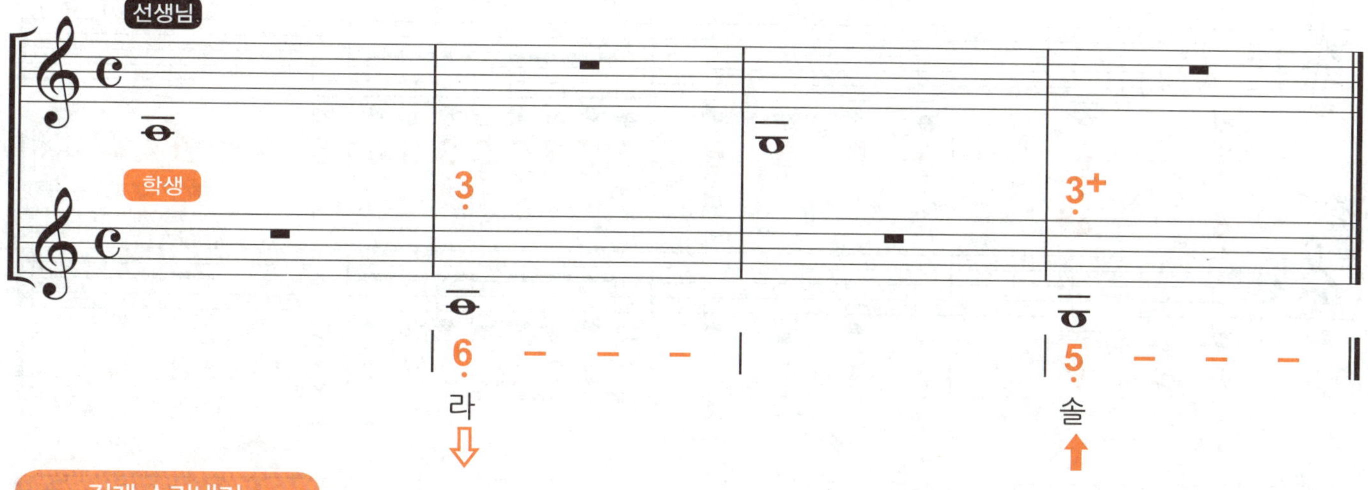

연습 16
3+ 3
5 - 6 - |7 - 1 - |7 - 6 - |5 - 0 - :|
4+ 4
1 - 7 - |1 - 6 - |1 - 5 - |1 - 0 - :|
3+ 3
5 - 6 - |5 - 7 - |5 - 1 - |5 - 0 - :|
3 4
6 - 7 - |6 - 1 - |6 - 5 - |6 - 0 - :|
연습 17
3+ 3
5 - 6 - |5 6 5 6 |5 6 5 6 5 6 5 6 |5 - 0 - :|
4 4+
7 - 1 - |7 1 7 1 |7 1 7 1 7 1 7 1 |7 - 0 - :|
4+ 3
1 - 6 - |1 6 1 6 |1 6 1 6 1 6 1 6 |1 - 0 - :|
3 4
6 - 7 - |6 7 6 7 |6 7 6 7 6 7 6 7 |6 - 0 - :|

스승의 은혜

강소천 작사 / 권길상 작곡

비목

한명희 작사 / 장일남 작곡

조금 느리게

사랑의 인사

엘가 작곡

보통 빠르게

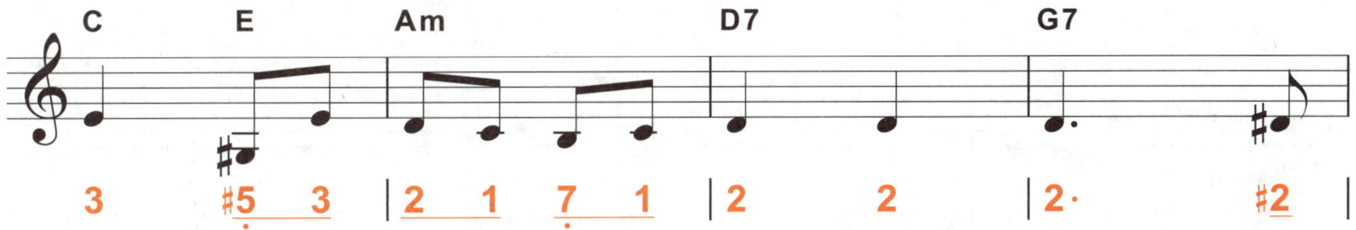

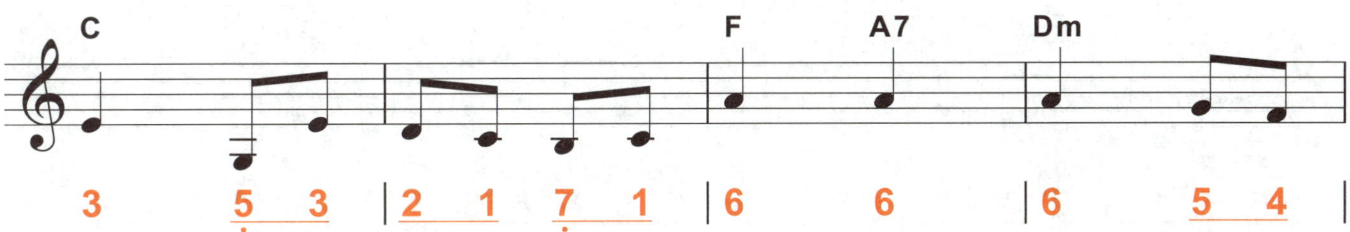

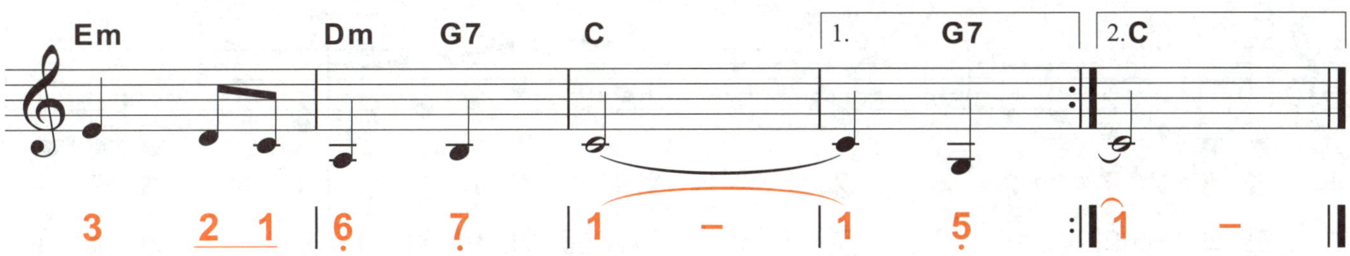

라쿠카라차

멕시코 민요

조금 빠르게

C							G7		

<u>5</u> <u>5</u> 1 1 3 3 | 5 3 − | <u>5</u> <u>5</u> 6 5 4 3 | 4 2 − |

병정들이전진한 다 　이마을저마을지 나

| G | | | G7 | | | | | C | |

<u>5</u> <u>5</u> <u>7</u> <u>7</u> 2 2 | 4 2 − | 5 6 5 4 3 2 | 3 1 − |

소꿉놀이어린이 들 　뛰어와서쳐다보 며

| C | | | | | | | G7 | | |

<u>5</u> <u>5</u> 1 1 3 3 | 5 3 − | 5 5 6 5 4 3 | 4 2 − |

싱글벙글웃는얼 굴 　병정들도싱글벙 글

| G | | | | | | | C | | |

<u>5</u> <u>5</u> <u>7</u> <u>7</u> 2 2 | 4 2 − | 5 6 5 4 3 2 | 1 0 5 5 5 |

빨래터의아낙네 도 　우물가의처녀 도 　라쿠카

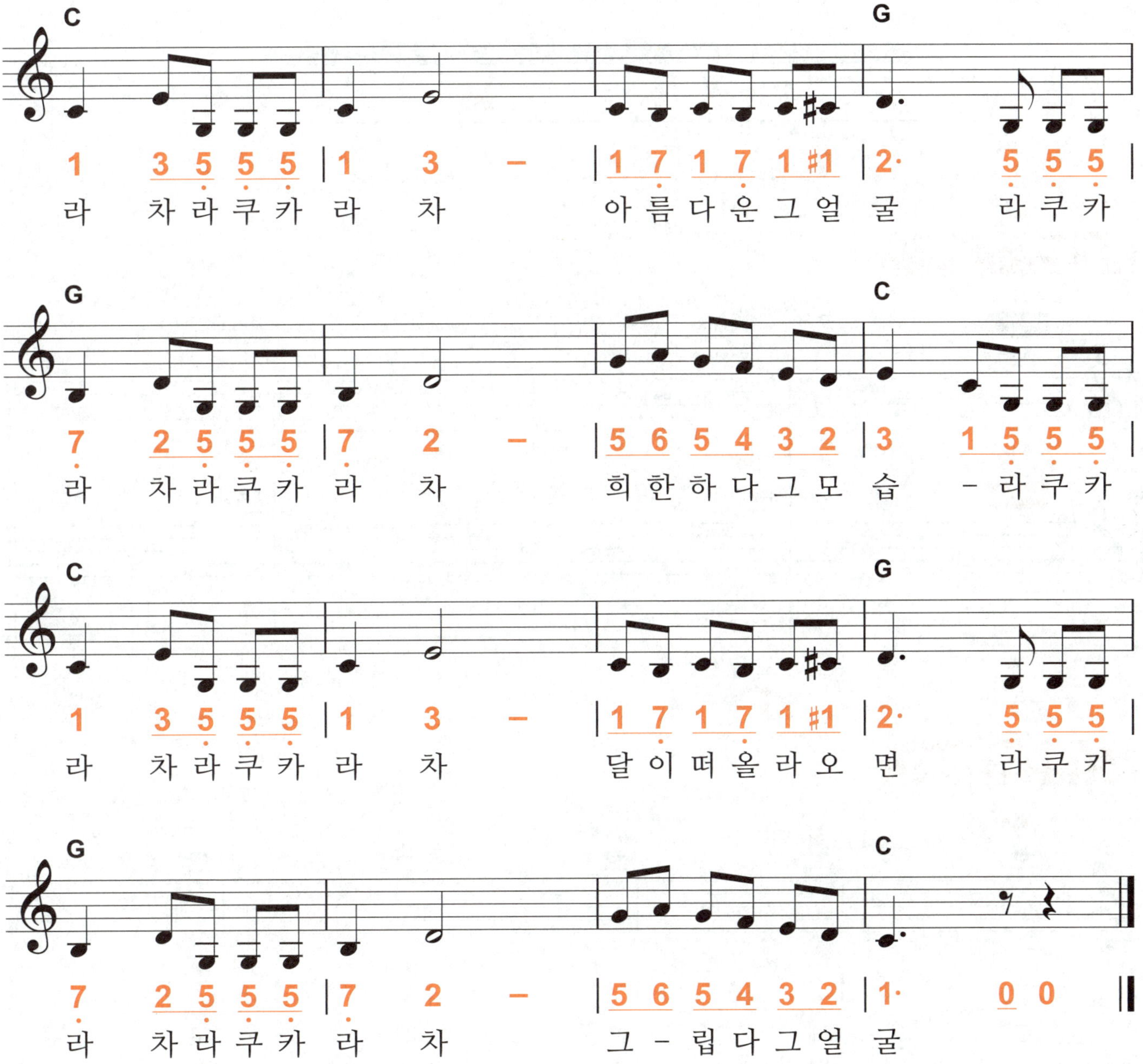

C
1 3 5 5 5 | 1 3 — | 1 7 1 7 1 #1 | 2· 5 5 5 |
라 차 라 쿠 카 라 차 아름다운그얼굴 라 쿠 카

G
7 2 5 5 5 | 7 2 — | 5 6 5 4 3 2 | 3 1 5 5 5 |
라 차 라 쿠 카 라 차 희한하다그모습 - 라 쿠 카

C
1 3 5 5 5 | 1 3 — | 1 7 1 7 1 #1 | 2· 5 5 5 |
라 차 라 쿠 카 라 차 달이떠올라오면 라 쿠 카

G
7 2 5 5 5 | 7 2 — | 5 6 5 4 3 2 | 1· 0 0 ||
라 차 라 쿠 카 라 차 그 - 립다그얼굴

Play 11 ··· 고음(도, 레, 미, 파)

고음 도, 레(9번홀)

크로매틱 하모니카의 고음은 저음이나 중음처럼 홀의 위치만 다르고 음의 배열과 같습니다.

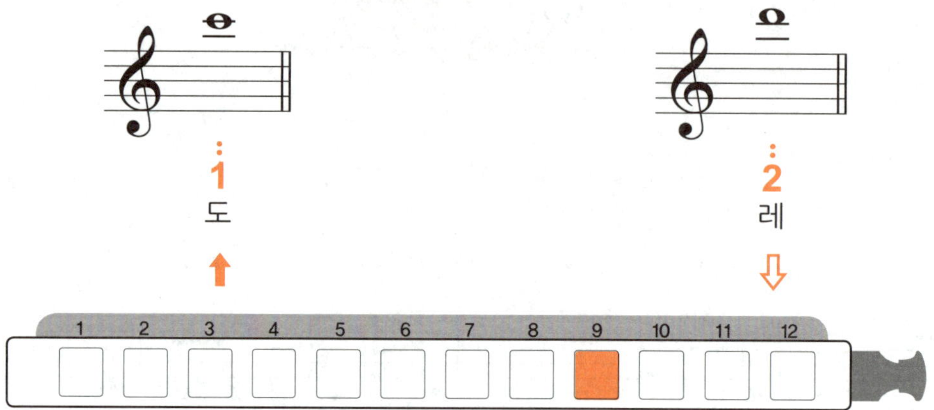

주의 깊게 듣고 따라하기

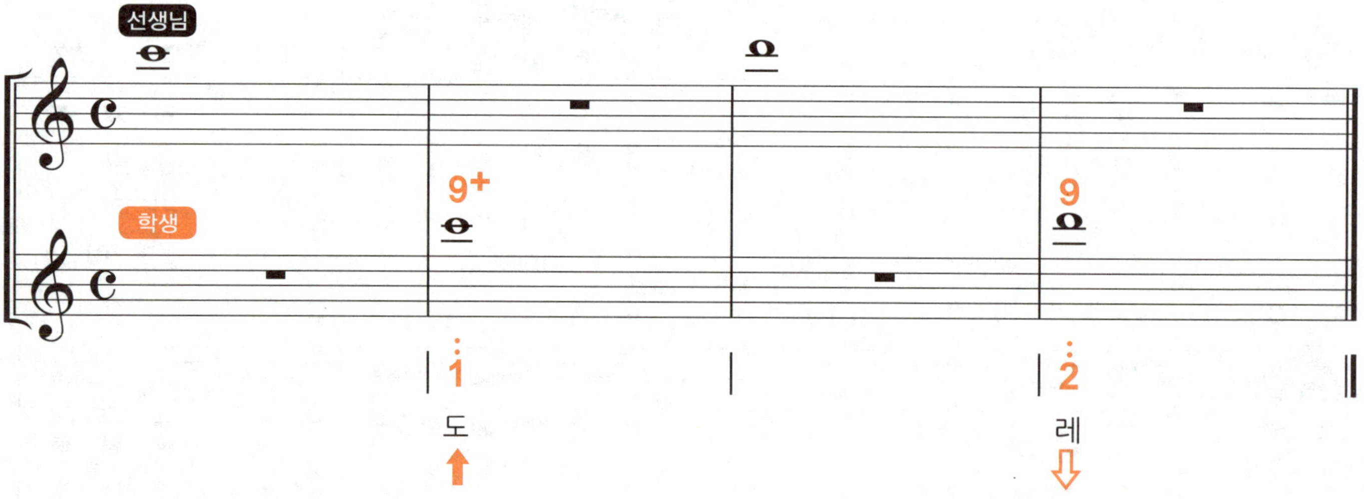

길게 소리내기

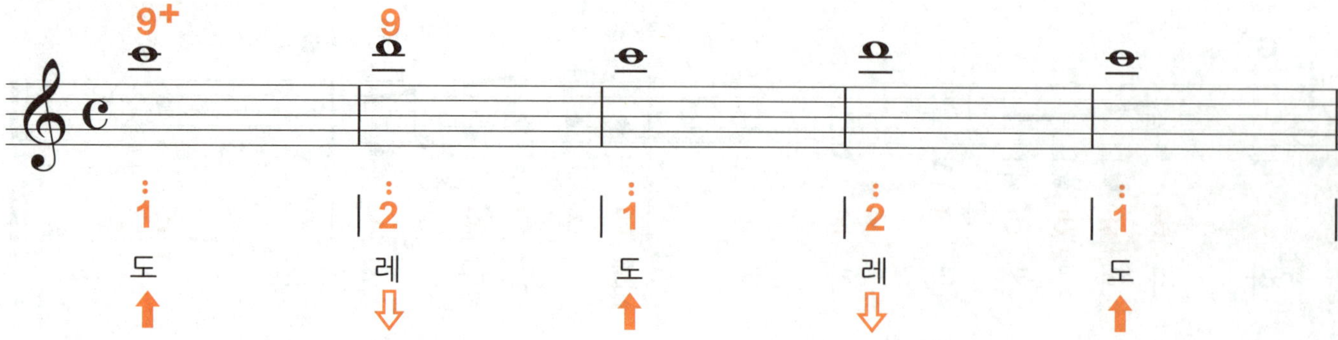

고음 미, 파(10번홀)

크로매틱 하모니카의 고음은 저음이나 중음처럼 홀의 위치만 다르고 음의 배열과 같습니다.

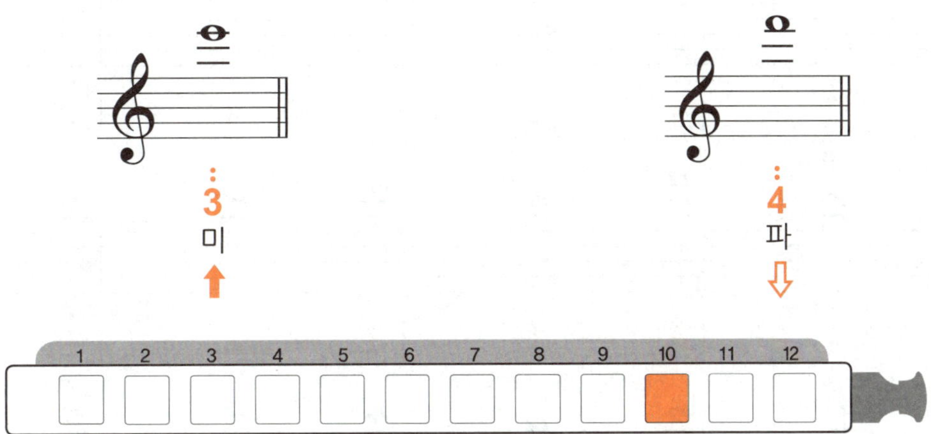

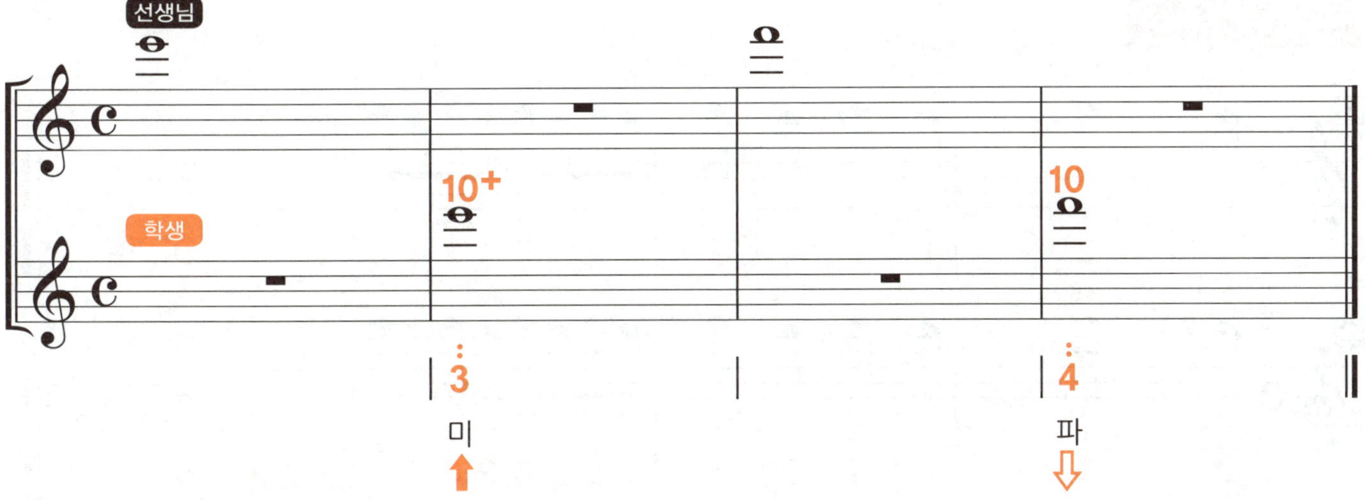

연습 18

1
9+   9
1 - 2 - |3 - 4 - |3 - 2 - |1 - 0 - :
2
9+   9
1 - 2 - |1 - 3 - |1 - 4 - |1 - 0 - :
3
10+   9+
3 - 1 - |4 - 1 - |3 - 2 - |1 - 0 - :
4
10+   10
3 - 4 - |3 - 2 - |3 - 4 - |3 - 0 - :

연습 19

1
9+   9
1 - 2 - |1 2 1 2 |1 2 1 2 1 2 1 2 |1 - 0 - :
2
9   10+
2 - 3 - |2 3 2 3 |2 3 2 3 2 3 2 3 |2 - 0 - :
3
10+   10
3 - 4 - |3 4 3 4 |3 4 3 4 3 4 3 4 |3 - 0 - :
4
9+   10+
1 - 3 - |1 3 1 3 |1 3 1 3 1 3 1 3 |1 - 0 - :

아! 목동아

아일랜드 민요

보통 빠르게

95

아침 이슬

김민기 작사 · 작곡

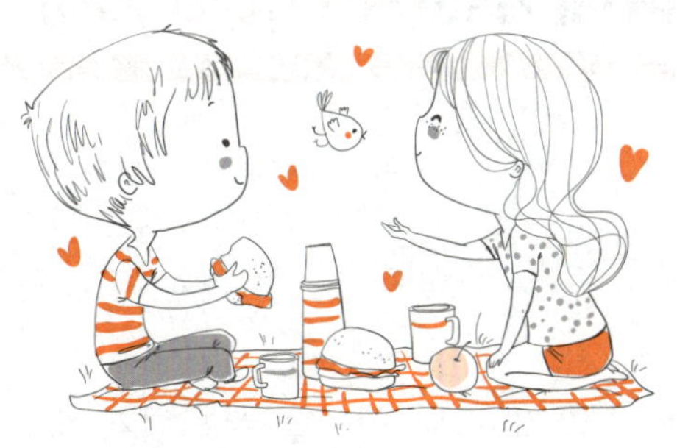

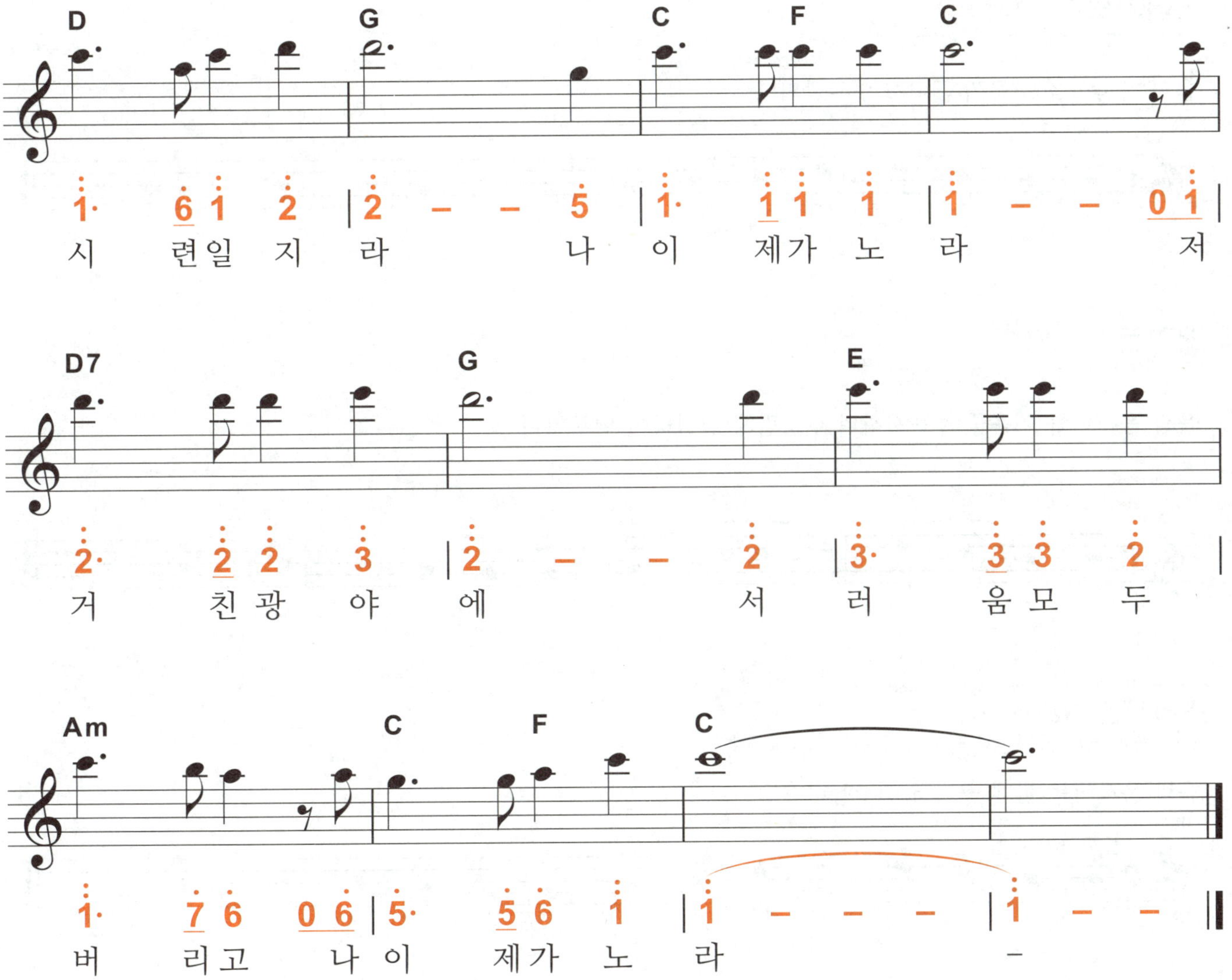
D G C F C
1· 6 1 2 | 2 – – 5 | 1· 1 1 1 | 1 – – 0 1 |
시 련일 지 라 나 이 제가 노 라 저
D7 G E
2· 2 2 3 | 2 – – 2 | 3· 3 3 2 |
거 친광 야 에 서 러 움모 두
Am C F C
1· 7 6 0 6 | 5· 5 6 1 | 1 – – – | 1 – – ||
버 리고 나 이 제가 노 라 –

Play 12 ··· 아티큘레이션(Articulation)

아티큘레이션

아티큘레이션은 텅잉주법을 기본으로 음표가 지닌 의미를 부드럽게 또는 생기있게 등의 음악적인 느낌의 표현을 말합니다.

포르타토(Portato)

음과 음사이를 충분히 끌어주면서 연주합니다.

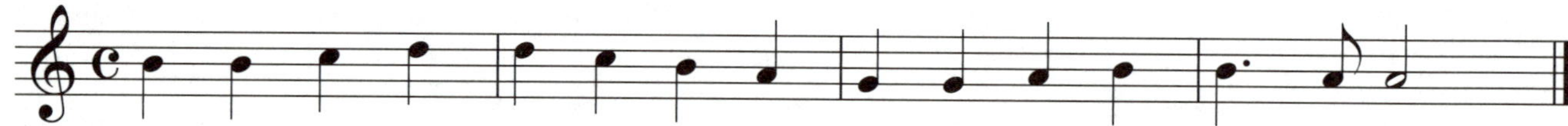

논레가토(Non-Legato)

음과 음사이를 조금씩 끊어서 연주합니다.

레가토(Legato)

음과 음사이를 이음줄로 표시하며 부드럽게 연결하여 연주합니다.

스타카토(Staccato)

음과 음사이를 짧게 끊어서 연주합니다.

Play 13 ··· 꾸밈음(Ornament)

음을 아름답게 꾸며주는 음을 꾸밈음(장식음)이라고 합니다.
먼저 주 멜로디를 익힌 후에 꾸밈음으로 음악을 화려하게 장식합니다.

긴앞꾸밈음

짧은 앞꾸밈음

뒤꾸밈음

겹앞꾸밈음

돈꾸밈음

프랄트릴러(잔결꾸밈음)

모르덴트(앞잔결꾸밈음)

Play 14 ··· 비브라토(Vibrato)

비브라토(Vibrato)

비브라토란 어떤 음을 주기적으로 떨어서 세련된 느낌을 주는 주법을 말합니다. 크로매틱 하모니카의 비브라토는 목구멍의 근육을 사용하여 숨을 내쉬거나(후후후후) 들이 마실 때(호호호호) 바람의 세기를 조절하여 주기적으로 떨어서 깊이가 있고 세련된 소리가 나도록 다음과 같이 단계적으로 연습을 합니다.

(1) 먼저 적당한 음을 골라 전혀 떨림이 없이 길게 소리를 냅니다.

(2) 여리게부터 점점 세게까지 길게 배에 힘을 주며 떨림이 없이 길게 소리를 냅니다.

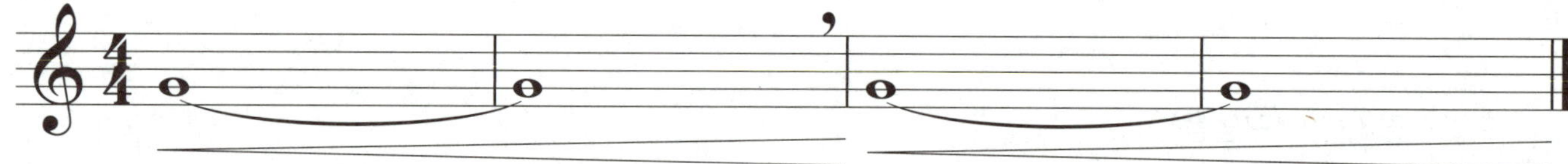

(3) 4분음표를 1박으로 하여 배에 힘을 주면서 규칙적으로 반복하면서 떱니다.

(4) 8분음표를 한 박으로 하여 배에 힘을 주면서 규칙적으로 반복하면서 소리를 떱니다.

(5) 16분음표를 한 박으로 하고 배에 힘을 주면서 규칙적으로 반복하면서 소리를 떱니다.

(6) 느리면서 여리게 시작했다가 점점 빠르면서 점점 세게 소리를 떱니다.

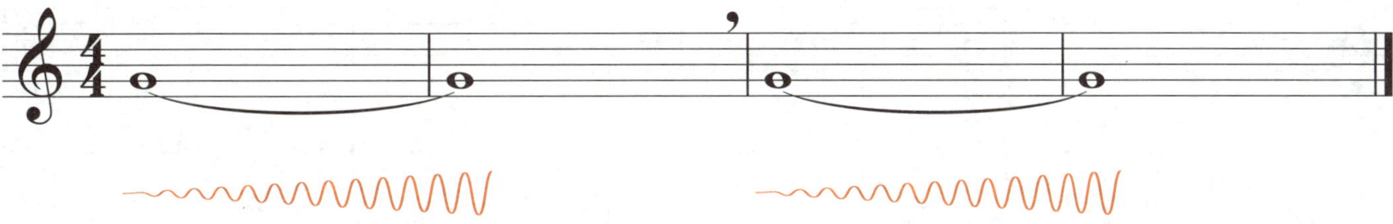

(7) 느리면서 여리게 시작했다가 점점 빠르면서 점점 세게, 그리고 다시 점점 느리면서 점점 여리게
   반복해서 소리를 떱니다

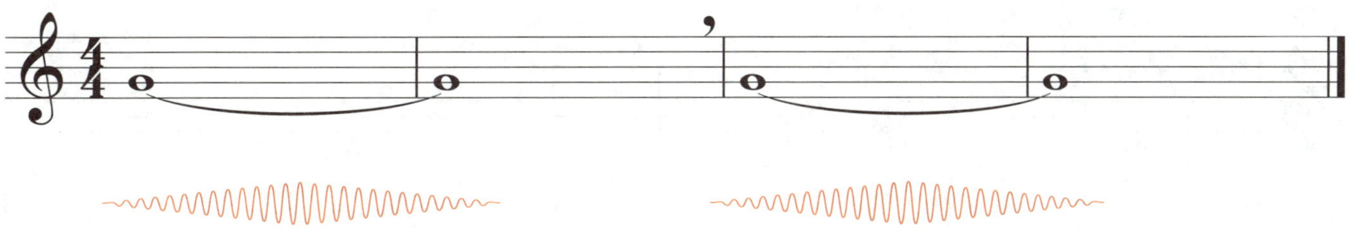

목 비브라토(Throat Vibrato)

목구멍의 근육을 사용하여 숨을 내쉬거나(후후후후) 들이 마실 때(호호호호) 바람의 세기를 조절하여 소리를 떱니다.

핸드 비브라토(Hand Vibrato)

하모니카를 왼손으로 고정시키고 오른손을 앞뒤로 가볍게 흔들면서 소리를 떱니다.

연습 20

1 비브라토로 연주하기

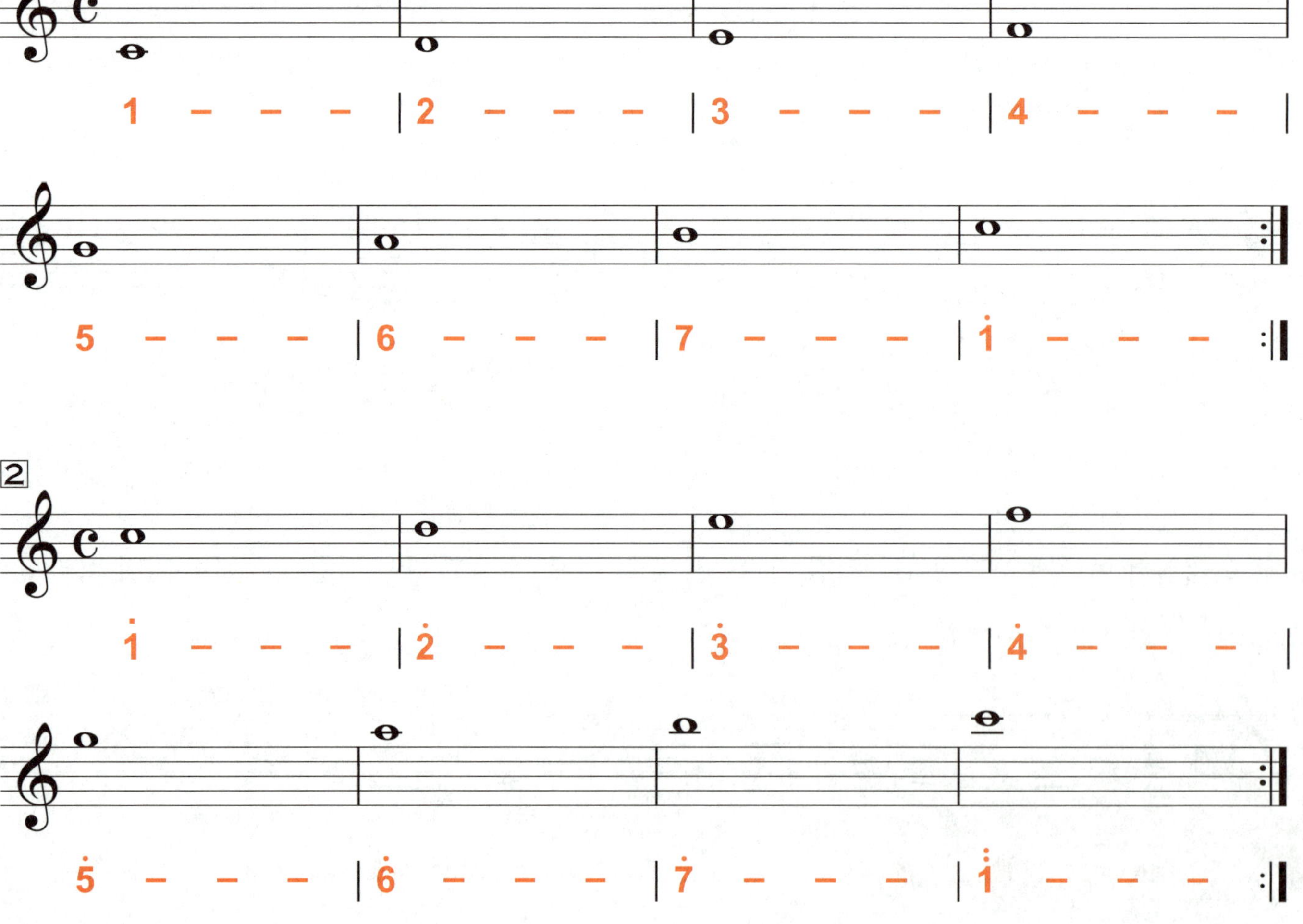

Play 15 ··· 밴딩(Bending)

밴딩

밴딩(Bending)은 혀의 위치, 구강 구조 등을 움직여서 음의 높이(Pitch)를 낮추는 주법입니다. 주로 다이아토닉 하모니카의 매력을 느끼게 해주는데 중요한 테크닉이지만 크로매틱 하모니카도 블루스나 재즈의 느낌을 표현할 때 주로 사용합니다.

밴딩 주법에는 음을 들이 마셔서 음의 높이를 낮추는 드로우 밴딩(Draw Bending)과 불어서 음의 높이를 낮추는 브로우 밴딩(Blow Bending) 등이 있습니다.

밴딩은 입술과 혀 그리고 턱을 조여서 공기의 흐름을 아래로 굴절시켜 음을 낮추는 기술인데 숨을 들이쉴 때나(드로우 밴딩), 내쉴 때(브로우 밴딩) '이~~거~~' 라고 소리를 내보면 입술, 혀, 턱의 모양이 변화하는 것을 느낄 수 있습니다.

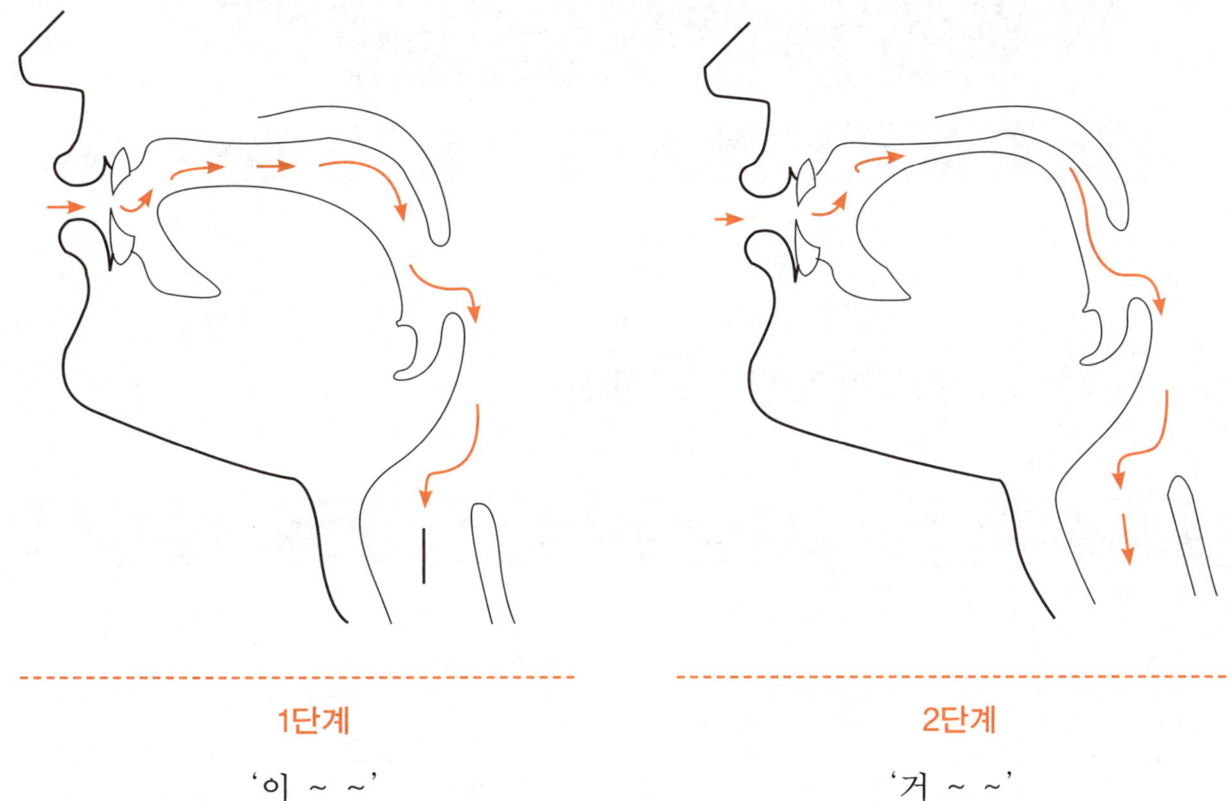

1단계

'이 ~ ~'

2단계

'거 ~ ~'

Play 16 ··· 블루스 크로매틱 하모니카

블루스 크로매틱 하모니카

블루스 크로매틱 하모니카는 10개의 홀로 구성되어 있고 난이도가 높은 밴딩주법을 크로매틱 하모니카의 레버를 사용하여 다이아토닉 하모니카처럼 블루스나 재즈를 쉽게 즐길수 있는 하모니카로서 '벌새(Trochilus) 하모니카'라고도 합니다.

블루스 크로매틱 하모니카의 구조

블루스 크로매틱 하모니카의 기호 및 용어

용어	기호	연주법
Blow	1+	분다
Draw	1	마신다
Blow	#1+	레버를 누르면서 분다
Draw	#1	레버를 누르면서 마신다
Draw Bending	1'	마시면서 밴딩주법으로 반음을 내린다
Blow Bending	1+'	불면서 밴딩주법으로 반음을 내린다

블루스 크로매틱 하모니카의 음역과 배열

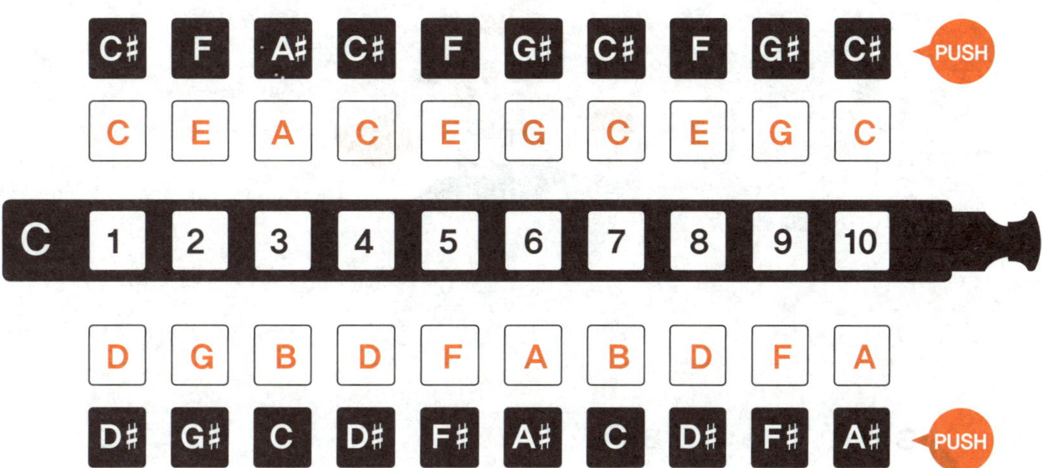

※위의 블루스 크로매틱 하모니카 음의 배열은 3번 홀을 연주하기 쉽게 특별히 조율한 것입니다.

다이아토닉 하모니카의 음역과 배열

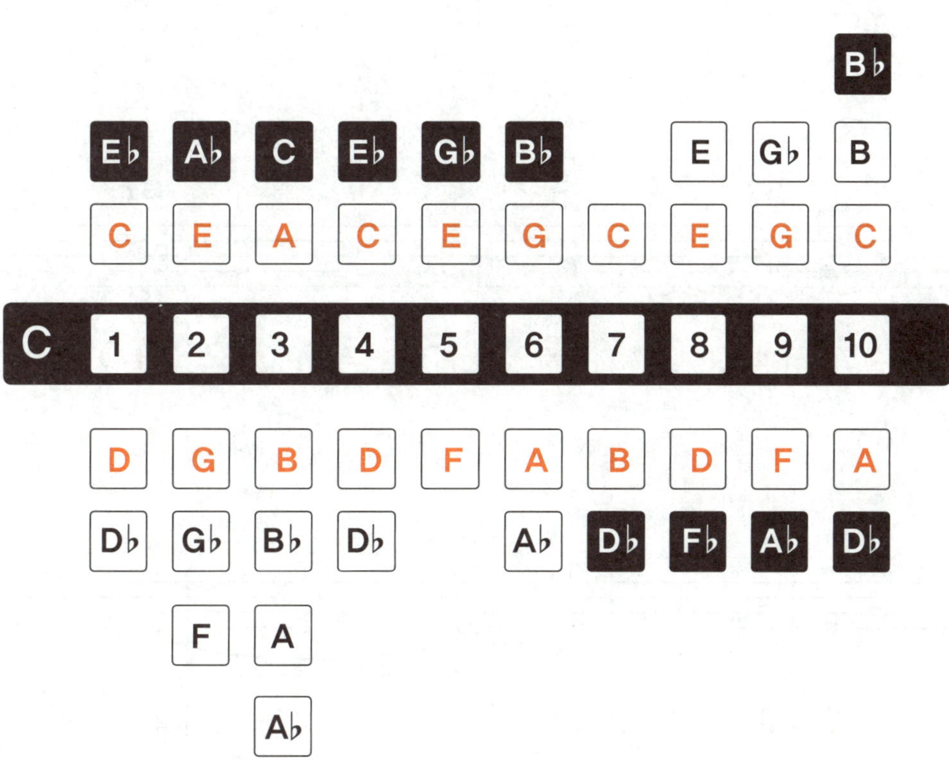

Amazing Grace

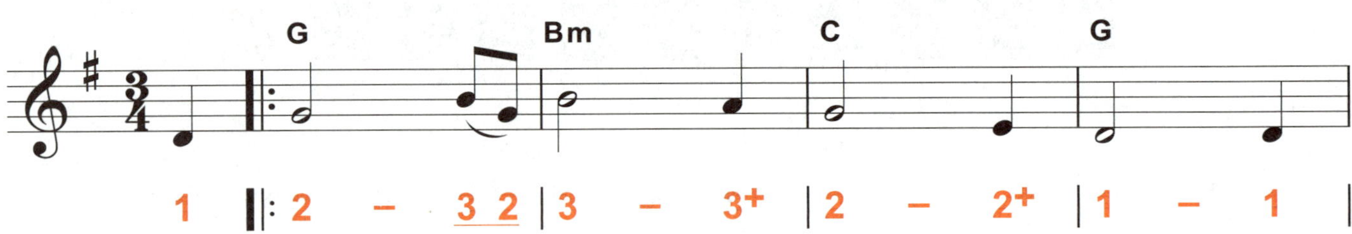

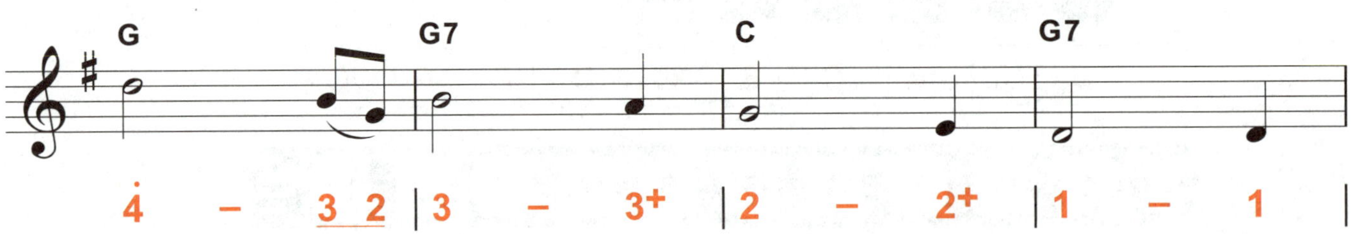

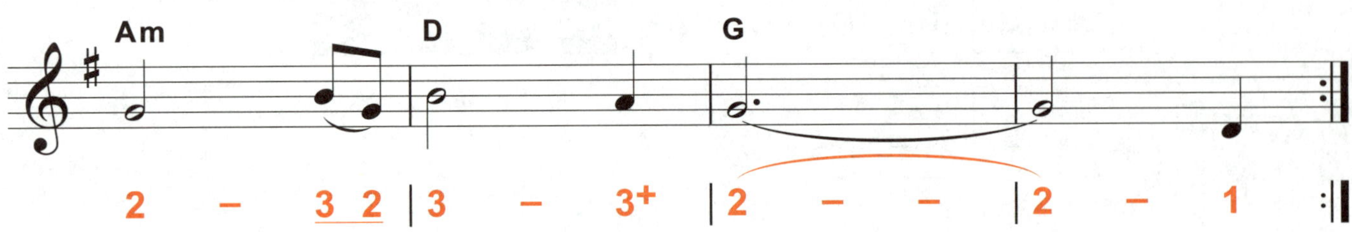

아리랑

우리나라 민요

조금 빠르게

G   Em   Bm   C   D
1 － 2⁺1 2⁺|2 － 3⁺2 3⁺|3 3⁺3 3⁺2 2⁺|1 － 2⁺1 2⁺0|
아 － 리랑 － 아 － 리랑 － 아 라 － － 리 － 요 － － － －

G   Em   C   G
2 － 3⁺2 3⁺|3 3⁺2 2⁺1 2⁺|2 － 3⁺2 |2 － 0 |
아 － 리랑 － 고 － 개 － 로 － 넘 － 어간 다 －

D   Bm   Em   C   D
4 － 4 |4 3 3⁺ |3 3⁺ 3 2 2⁺|1 － 2⁺1 2⁺0|
나 － 를 버 리 고 가 시 는님 － 은 － － － －

G   Em   C   Cm   G
2 － 3⁺2 3⁺|3 3⁺2 2⁺1 2⁺|2 － 3⁺2 |2 － 0 |
십 － 리도 － 못 － 가 － 서 － 발 － 병난 다 －

봄날은 간다

손로원 작사 / 박시춘 작곡

스트레이트 리듬(Straight Rhythms)

4비트, 8비트, 12비트, 16비트, 32비트 등으로 음표가 쪼개진 리듬으로 나타내며, 억양의 변화가 없는 일정한 패턴으로 흐르는 리듬으로 주로 팝(Pop)이나 록(Rock)음악 등에서 많이 사용됩니다.

스윙 리듬(Swing Rhythms)

억양의 강조를 통해서 리듬을 더욱더 율동적이고 흥이 절로 나는 리듬으로 블루스(Blues), 재즈(Jazz), 소울(Soul) 음악 등에서 많이 사용됩니다.

블루스(Blues)

크로스 하프 스케일(Cross Harp Scale)을 숙달하여 12마디로 구성된 블루스 솔로를
스윙 리듬으로 연주해봅시다.

블루스 리듬2

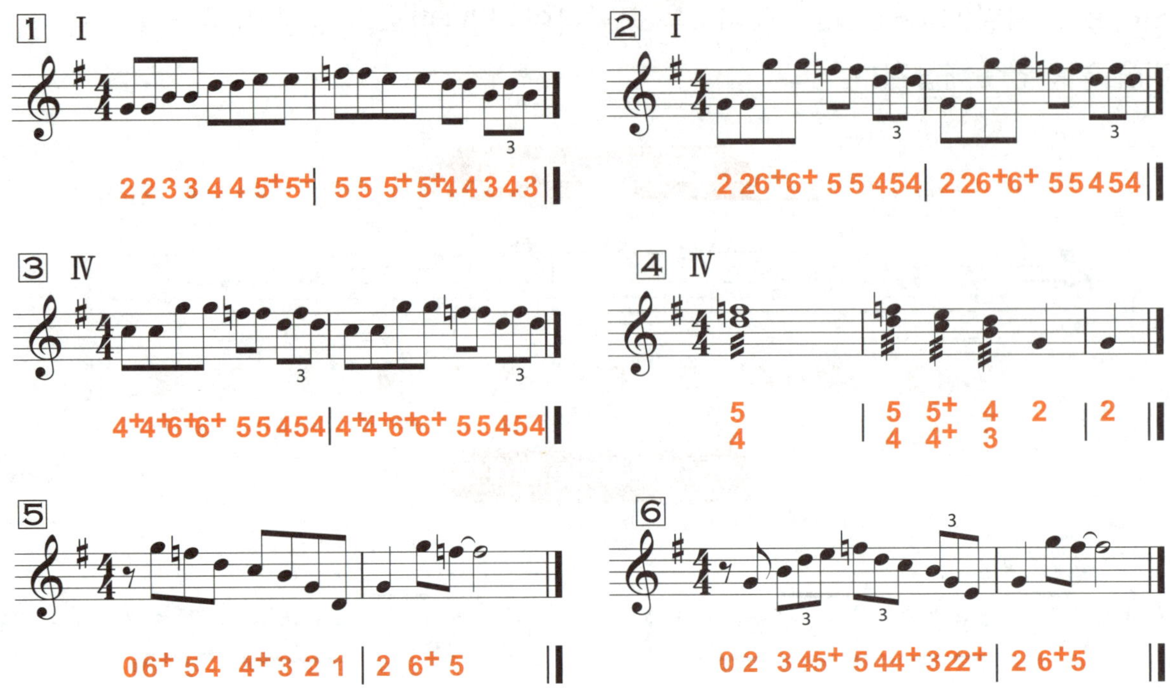
1 I
2 2 3 3 4 4 5⁺5⁺ | 5 5 5 5⁺5⁺4 4 3 4 3 ||

2 I
2 2 6⁺6⁺ 5 5 4 5 4 | 2 2 6⁺6⁺ 5 5 4 5 4 ||

3 IV
4⁺4⁺6⁺6⁺ 5 5 4 5 4 | 4⁺4⁺6⁺6⁺ 5 5 4 5 4 ||

4 IV
5 | 5 5⁺ 4 2 | 2 ||
4   4 4⁺ 3

5
0 6⁺ 5 4 4⁺3 2 1 | 2 6⁺ 5 ||

6
0 2 3 4 5⁺ 5 4 4⁺3 2 2⁺ | 2 6⁺ 5 ||

블루스 쨈2

I
2 2 6⁺6⁺ 5 5 4 5 4 | 2 2 6⁺6⁺ 5 5 4 5 4 | 2 2 6⁺6⁺ 5 5 4 5 4 | 2 2 6⁺6⁺ 5 5 4 5 4 |

IV   I
4⁺4⁺5⁺5⁺6⁺6⁺6 6⁺ | 4⁺4⁺5⁺5⁺6⁺6⁺6 6⁺ | 2 2 6⁺6⁺ 5 5 4 5 4 | 2 2 6⁺6⁺ 5 5 4 5 4 |

V   IV   I   V
6   6 | 6⁺   6⁺6 6⁺5 | 6⁺6⁺6⁺6⁺6⁺6⁺6⁺6⁺ | 6⁺5 4 4 ||

블루스 잼 3
1
2 2 3 3 4 4 5 +5+ 5 5 5 +5+4 4 3 4 3 2 2 3 3 4 4 5 +5+ 5 5 5+5+ 4 4 5 +5+
Gliss.
7 6 +5 4 4 +4 3 7 6 +5 4 4 +4 3 2 2 3 3 4 4 5 +4 5 4 5 +4 − 2 3 4 5+
4 4 4 +6+ 5 4 4 +3 4 5+ 2 5 5 +4 5 5 +4 5 5 +4 2 1 1 − 2 4 +3
2
2 2 4 +3+3 2 2 4 +3 2 5 4
4 +4 +6+6+5 5 4 5 4 4 +4 +6+6+5 5 4 5 4 2 2 3 3 4 4 5 +5+ 5 5 5 +5+4 4 5 +5+
4 5 6 +6 6 +5 4 3 4 +3 2 3 2 1 2 3 4 5 +5 4 4 +3 2 2+ 2 3 4 − 2 3 4 5+
3
6+ 2 3 4 5+ 6+ 2 3 4 5+ 6+ 2 3 4 5+ 6 +6 7 8
5 4 5 5 +4 2 2 3 3 2 +1 2 1 2 +2+
4 4 +3
1 4 − 4 +4 4+ 1+ 4+ 3 4 +3 잼 2 6 +5 4 4 +3 2 2 +1 2 6 +5 −

Play 17 ··· 음계(Scale)와 아르페지오(Arpeggio)

음계(Scale)는 조성에 따른 음을 일정한 높이로 차례대로 배열한 것을 말하며 아르페지오 (Arpeggio)는 화음을 분산하여 낮은 음에서 높은 음으로 연속적으로 연주하는 것을 말합니다. 음계와 아르페지오의 연습은 반드시 메트로놈을 사용하여 처음엔 느린 템포로 시작하여 익숙 해지면 차츰 빠른 템포로 연습을 합니다.

다장조

바장조

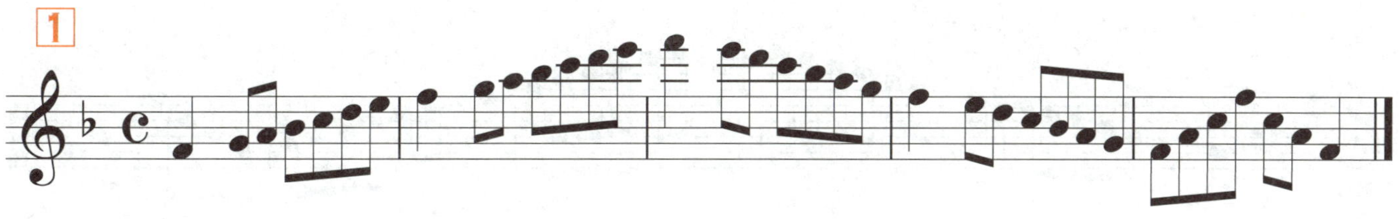

사장조

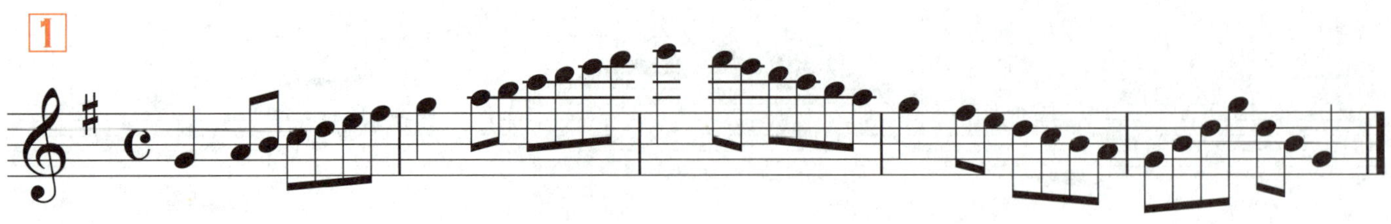
1

2

3

1

2

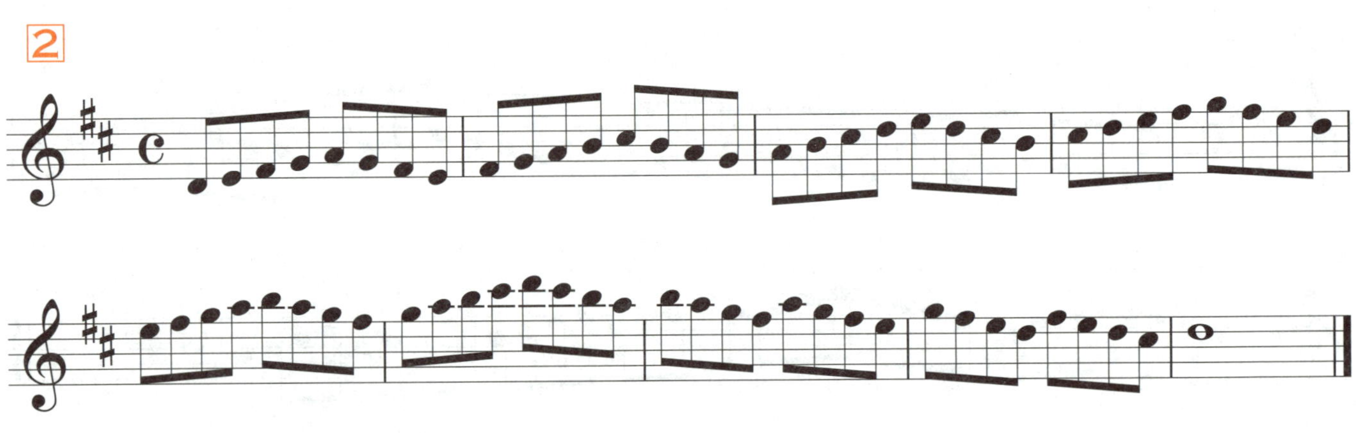

3

내림마장조

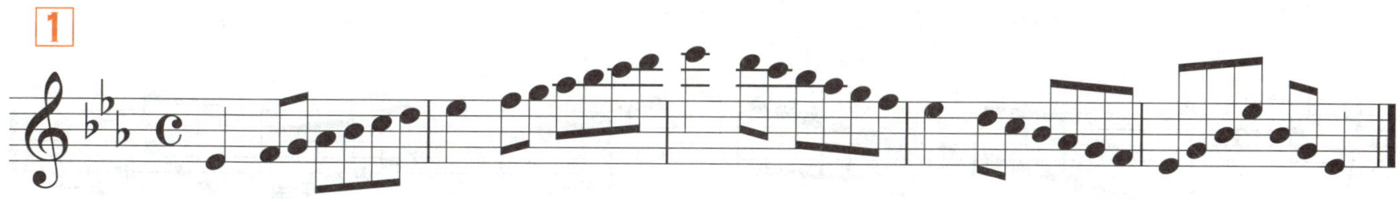

가장조

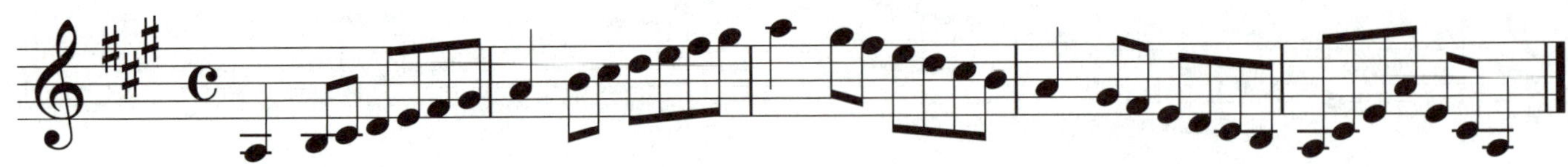

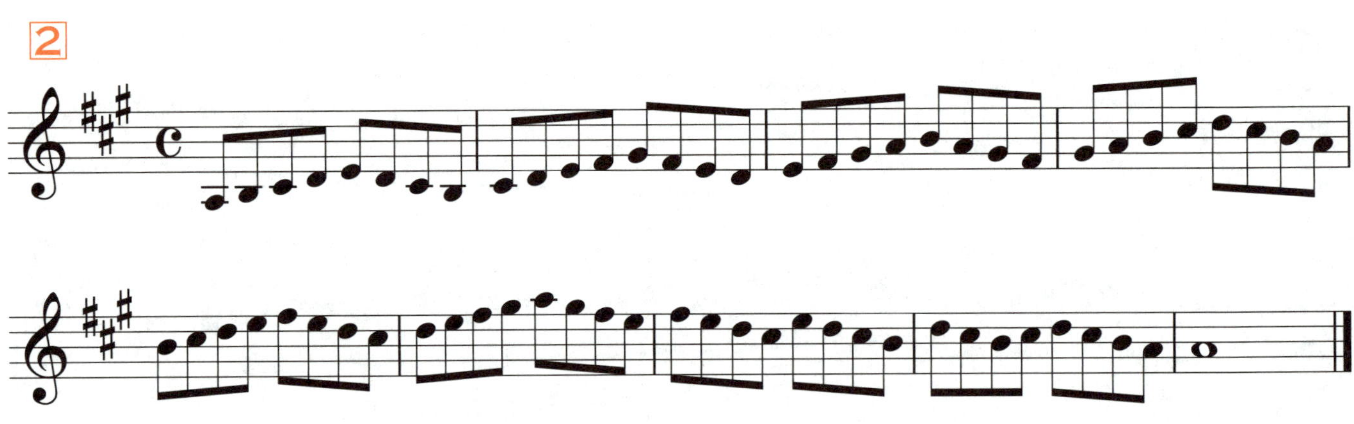

크로매틱 하모니카
콘서트 모음곡

- 바위섬
- 봄날은 간다
- 나는 반딧불
- 그저 바라볼 수만 있어도
- 가을을 남기고 간 사랑
- 문 리버
- 눈이 내리네
- 로미오와 쥴리엣
- 마이 웨이
- 예스터데이
- 플라이 미 투 더 문
- 시네마 천국
- 사랑의 찬가
- 여인의 향기
- 엔터테이너
- 가브리엘의 오보에
- G선상의 아리아
- 시칠리아노
- 헝가리무곡 5번
- 차르다시

바위섬

배창희 작사 · 작곡

보통 빠르게
파도 가 부서지는 바 위섬 인 적없던이곳 에 세상
밤 폭풍우에 휘 말려 모 두사―라지 고 남은
사 람들 하나둘 모 여들 더 니 어느
것 은바 위섬 과
흰 파도 라 네 바위 섬 너는내가 미 워도
나 는너를너무 사 랑해 다 시태어나지 못 해도
너 를사 랑―해 이제 는 갈매기도 떠 나고
아 무도 없지 만 나는 이 곳 바위섬 에
살 고싶 어 라 바위 라 나는이 곳 바위섬
에 살 고싶 어 라 ―
D.S.
Fine

봄날은 간다

손로원 작사 · 박시춘 작곡

나는 반딧불

정중식 작사 · 작곡

그저 바라볼 수만 있어도

유익종 작사 · 작곡

가을을 남기고 간 사랑

박춘석 작사 · 작곡

문 리버

H. 맨시니, J. 머서 작사 · 작곡

눈이 내리네

S. 아다모 작사 · 작곡

로미오와 줄리엣

N. 로타, L. 쿠직, E. 스나이더 작사 · 작곡

마이 웨이

J. 루보, C, 프랑수아, G. 티보 작사 · 작곡

예스터데이

J. 레논, P. 메카트니 작사 · 작곡

플라이 미 투 더 문

B. 바트 작사 · 작곡

조금 빠르게

시네마 천국

E. 모리코네 작사 · 작곡

사랑의 찬가

E. 피아프 작곡

여인의 향기

C. 가르델 작곡

엔터테이너

S. 조플린 작곡

가브리엘의 오보에

E. 모리코네 작곡

G선상의 아리아

J. S. 바흐 작곡

시칠리아노

J. S. 바흐 작곡

헝가리무곡 5번

J. 브람스 작곡

mf
mf
rit.
a tempo
rit.
p
a tempo
rit.
a tempo
p
rit.
a tempo
Allegro
p
f
leggiero
p
sf
marcato
f
sf
rit poco a poco
sf
p
rit.
a tempo
sf
f
sf
3
ff

차르다시

V. 몬티 작곡

Largo
Andante moderato
mp espressivo
dolce
Allegro comodo
f
mp

f
poco rit.
1.
2.
Andante moderato
3
f deliberato
dolce
mp
f

Allegro comodo
Poco rit
7
f
mp
6
f
mp
f
f
fz
fz

제임스정의
크로매틱 **하모니카야 놀자**

Chromatic Harmonica

저자 프로필 제임스 정(정광원)

- 수도국제대학원대 부총장, 음악과 전임교수
- 백석대문화예술대학원 음악과 외래교수
- 서울기독대학원 음악과 외래교수
- 한양대 미래인재교육원 음악과 외래교수
- 서울교대 평생교육원 생활음악지도자과정 교수
- (사)한국음악교육협회 이사장
- 한국하모니카총연합회 대표
- 한국히모니카앙상블협회 대표
- 한국생활음악교육총연합회 대표
- 한국에어로폰교육협회 대표
- 한국하프앙상블협회 대표
- 한국켈틱하프교육협회 대표
- 한국지휘협회 대표
- 한국음악놀이협회 대표
- 한국오카리나교육협회 대표
- 한국우쿨렐레앙상블협회 대표
- 한국리코더교육협회 대표
- 한국타악기교육협회 대표
- 한국팬플루트음악협회 대표
- 한국훌라댄스협회 대표
- 서울팝스필하모닉오케스트라 음악감독&상임지휘자
- 코리아팝스하모니카오케스트라 지휘자
- 코리아하모니카그룹 리더
- 코리아팝스아코디언오케스트라 지휘자
- 코리아팝스팬플루트오케스트라 지휘자

- 코리아팝스가야금오케스트라 지휘자
- 코리아팝스콰이어 지휘자
- 코리아하프오케스트라 지휘자
- 코리아오카리나오케스트라 지휘자, 경기팝스오케스트라 지휘자
- 서울플루트오케스트라 지휘자
- 경기플루트오케스트라 지휘자
- 코리아우쿨렐레오케스트라 지휘자
- 한국교원대학교 대학원 석사(음악교육 전공)
- 러시아 Gnesin 음악원 석사(오케스트라 지휘 전공)
- 이탈리아 Gaspare Spontini 공립음악원 박사(오케스트라 지휘 전공)
- 미국 카네기홀 Korea Corlful Gala Concert 공연(하모니카, 팬플루트)
- 일본 제35회 간사이 하모니카 페스티벌 초청 공연
- 일본 오야마시 한일 친선 오카리나 교류 콘서트
- 이탈리아 GOB 오카리나 마스터클래스 디플롬
- 루마니아 Radu Nehifor 팬플루트 마스터클래스 디플롬
- 하와이 Kimo Hussey 우쿨렐레 마스터클래스 디플롬
- 이탈리아 Budrio 오카리나페스티벌 참가
- 하와이 Merrie Monarch 훌라페스티벌 참가
- 페루 Lima 세계카혼페스티벌 참가
- 41,43,45'th Hawaii 우쿨렐레페스티발 참가
- 스위스 Arosa 팬플루트페스티벌 참가
- 협연/러시아내무성오케스트라, 이탈리아 Gaspare Spontini 오케스트라 서울오케스트라, 서울팝스필하모닉오케스트라, 경기팝스오케스트라
- 영화/Hawaii Ukulele(Pica Pica Ukulele Orchestra in Hawaii)
- 앨범/Sentimental, Pica Pica

Chromatic Harmonica

저서

- 제임스정의 하모니카야놀자①②(일신미디어)
- 제임스정의 크로매틱하모니카야놀자(일신미디어)
- 제임스정의 하모니카트로트콘서트곡집(일신미디어)
- 제임스정의 하모니카트롯연주곡집(일신미디어)
- 제임스정의 7080하모니카콘서트곡집(아이러브뮤직)
- 제임스정의 에어로폰아놀자(일신서적)
- 제임스정의 하루만에리라(아이러브뮤직)
- 제임스정의 팬플루트콘서트곡집(아이러브뮤직)
- 제임스정의 칼림바아놀자(일신서적)
- 제임스정의 키즈칼림바아놀자(일신서적)
- 제임스정의 칼림바아놀자연주곡집(일신서적)
- 제임스정의 아트칼림바놀자연주곡집(일신서적)
- 제임스정의 미스&미스터유튜브트롯(아이러브뮤직)
- 제임스정의 오카리나야놀자(일신서적)
- 제임스정의 유튜브오카리나연주곡집(일신서적)
- 제임스정의 바이올린아놀자(일신서적)
- 제임스정의 하루만에하프(아이러브뮤직)
- 제임스정의 하루만에칼림바①②(아이러브뮤직)

- 제임스정의 리코더야놀자(아이러브뮤직)
- 제임스정의 컵타야놀자(일신미디어)
- 제임스정의 컵타음악놀이연주곡집(그래서음악)
- 제임스정의 우쿨렐레야놀자(음악세계)
- 제임스정의 카혼아놀자(일신미디어)
- 제임스정의 리라하프야놀자(일신미디어)
- 제임스정의 아이러브우쿨렐레(아이러브뮤직)
- 제임스정의 아이러브오카리나(아이러브뮤직)
- 제임스정의 아이러브팬플루트(아이러브뮤직)
- 제임스정의 크리스천오카리나(아이러브뮤직)
- 제임스정의 꼬꼬마오카리나(아이러브뮤직)
- DIATONIC HARMONICA(아이러브뮤직)
- UKULELE ENSEMBLE①②(아이러브뮤직)

www.kmedu.kr

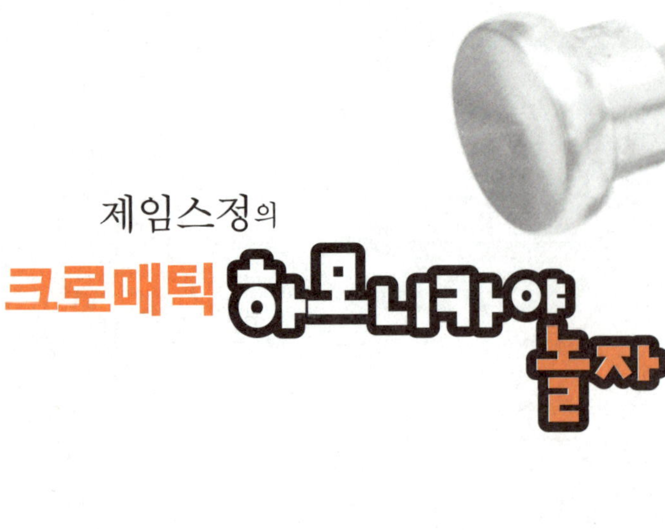

연구위원

연구위원 권효순

인천교육대학 음악교육과, 백석예술대학교 피아노과졸
수도국제대학원대학교 음악과, 상담심리학과 석사
이탈리아 Gaspare Spontini 공립음악원 박사(하모니카전공)
한국하모니카앙상블협회 수석교육이사
코리아팝스하모니카오케스트라 단원
코리아하모니카그룹(KHG) 악장
일본간사이하모니카연맹 초청 제35회 간사이하모니카페스티벌 공연

연구위원 노경순

수도국제대학원대학교 음악과 석사
이탈리아 Gaspare Spontini 공립음악원 박사 (하모니카전공)
수도국제대학원대학교 겸임교수
한국하모니카앙상블협회 수석교육이사
청아랑뮤직 대표
코리아팝스하모니카오케스트라 단무장
코리아하모니카그룹(KHG) 단원
일본간사이하모니카연맹 초청 제35회 간사이하모니카페스티벌 공연

연구위원 유화영

수도국제대학원대학교 음악과 석사(하모니카전공)
수도국제대학원대학교 음악과 최고위과정
한국하모니카앙상블협회 수석교육이사
코리아팝스하모니카오케스트라 단원
예그린하모니카앙상블 단원

연구위원 윤화현

한국하모니카앙상블협회 수석교육이사
코리아하모니카그룹(KHG)단원
(사)한국음악교육협회 음향총감독
코리아팝스하모니카오케스트라 단원
코리아오카리나오케스트라 단원
일본간사이하모니카연맹 초청 제35회 간사이하모니카페스티벌 공연

Chromatic Harmonica

연구위원

연구위원 이조욱

성신여대 기악과 음악과 졸업
수도국제대학원대학교 음악과 석사
한국하모니카앙상블협회 수석교육이사
인천 생활음악협회 이사
코리아팝스하모니카오케스트라 수석
신협중앙회 하모니카 전문강사
코리아하모니카그룹(KHG) 단원
일본간사이하모니카연맹 초청 제35회 간사이하모니카페스티벌 공연

연구위원 정유미

백석대학원 음악교육학 석사
이탈리아 Gaspare Spontini 공립음악원 박사(예술경영학)
수도국제대학원대학교 겸임교수
한국하모니카앙상블협회 수석교육이사
밀레니엄오케스트라 바이올린 강사
대진대학교 음악과 외래교수
코리아하모니카그룹(KHG) 단원
일본간사이하모니카연맹 초청 제35회 간사이하모니카페스티벌 공연

연구위원 최수정

건국대학교 사범대학 음악교육과 졸
UBL(LOUISIANA BAPTIST UNIVERSITY) 석사
한국하모니카앙상블협회 수석교육이사
소명여중 음악교사
코리아하모니카그룹(KHG) 단원
일본간사이하모니카연맹 초청 제35회 간사이하모니카페스티벌 공연

연구위원 홍준모

한국하모니카앙상블협회 수석교육이사
코리아팝스하모니카오케스트라 단원
코리아하모니카그룹(KHG) 단원
일본간사이하모니카연맹 초청 제35회 간사이하모니카페스티벌 공연

제임스정의
크로매틱 하모니카야 놀자

발행일	2026년 1월 20일
발행인	남 용
편저자	제임스 정
발행처	일신서적출판사
주 소	서울시 마포구 독막로 31길 7
등 록	1969년 9월 12일(No. 10–70)
전 화	(02) 703–3001~5(영업부)
	(02) 703–3006~8(편집부)
F A X	(02) 703–3009
ISBN	978–89–366–2917–5 93670

이 책에 수록된 곡들은 저작권료를 지급한 후에 제작, 출판하였으나 일부의 곡은 저작자 또는 저작권 대리권자에 대한 부분을 여러 매체나 기관을 통해 알아보려고 노력을 하였으나, 해당 곡에 대한 저작자 및 대리권자에 대한 부분을 찾지 못하였음을 알려드립니다.
저작자 및 저작권 대리권자께서 본사로 연락을 주시면 추후 곡의 사용에 대한 저작권법 및 저작자 권리단체의 규정에 따라 조치를 취할 것을 약속 드립니다.
부득이 저작권자의 승인없이 저작물을 사용하게 되어 대단히 죄송합니다.

◎ 원곡에 충실하여 바르고 좋게 출판코자 노력했습니다. 그러나 아쉬움이 많습니다. 존경하시는 저작자님께서 보시고 잘못된 부분이나 보완할 것이 있으시면 연락 주시면 수정 보완하겠습니다. 도와주시어 대단히 감사합니다.